Vertretungsstunden to go

Deutsch

Klasse 9/10

Sinnvolle Inhalte für spontanen Unterricht

Juliane und Franz-Josef Scheidhammer

Verlag an der Ruhr

Impressum

Titel
Vertretungsstunden to go
Deutsch Klasse 9/10

Autoren
Franz-Josef Scheidhammer, Juliane Scheidhammer

Titelbild
unter Verwendung des Tafel-Fotos von © pressmaster/Fotolia.com

Verlag an der Ruhr
Mülheim an der Ruhr
www.verlagruhr.de

Geeignet für die Klassen 9–10

Unser Beitrag zum Umweltschutz
Wir sind seit 2008 ein ÖKOPROFIT®-Betrieb und setzen uns damit aktiv für den Umweltschutz ein. Das ÖKOPROFIT®-Projekt unterstützt Betriebe dabei, die Umwelt durch nachhaltiges Wirtschaften zu entlasten. Unsere Produkte sind grundsätzlich auf chlorfrei gebleichtes und nach Umweltschutzstandards zertiifiziertes Papier gedruckt.

ISBN 978-3-8346-2269-3

Printed in Germany

Inhaltsverzeichnis

Inhaltsverzeichnis

Bildnachweise

S. 7: © djama, fotolia.de/S. 12: Ferdinand Barth, wikipedia.org/S. 16: © mars, fotolia.de/
S. 27: © motorradcbr, fotolia.de/S. 37: © Klaus Eppele, fotolia.de/S. 39: © igor, fotolia.de/
S. 49: © Martin Green, fotolia.de/S. 53: © mars, fotolia.de/S. 54: © f. langmann, digitalstock.de/
S. 60: © nyanza, fotolia.de/S. 69: © Christa Eder, fotolia.de/S. 76: © iQoncept, fotolia.de/
S. 82: © Stepan KO, fotolia.de/S. 97: © Igor Tarasov, fotolia.de

Vorwort

*„Oh, nein, schon wieder eine Vertretungsstunde!
Noch dazu in der 9c – was soll ich mit denen nur tun?"*

Eigentlich wollte man in der ursprünglich freien Stunde die eingesammelten Hausaufgaben der 7a durchgehen oder mit der netten Kollegin, die mittwochs die vierte Stunde auch freihat, eine gemeinsame Tasse Kaffee trinken. Die Motivationslage der Schüler* ist durchaus vergleichbar: Die einen möchten gleich schon mit der Mathe-Hausaufgabe beginnen oder den Stoff der folgenden Stunde noch schnell wiederholen, die anderen hoffen auf eine gemütliche Freistunde zum „Chillen".

Motivation

In den 9. und 10. Jahrgangsstufen verschärft sich das Problem zusätzlich: Die Schüler sind nicht mehr, wie viele Fünft- und Sechstklässler, neugierig darauf, in Vertretungsstunden neue Lehrer kennenzulernen. Ältere Schüler hängen gerne einmal ab und haben längst verinnerlicht, dass sich die Anstrengung bei fremden Lehrern wenig lohnt. Denn der wird kaum Zeit finden, die Arbeitsblätter einzusammeln oder Mitarbeitsnoten zu verteilen.
Somit stellt sich die fehlende Motivation von Schülern, die dem Kindesalter entwachsen sind, als größter Gegner vieler gut gemeinter Vertretungsstunden heraus, die in erster Linie versuchen, den aktuellen Lehrplanstoff durch Übungen zu vertiefen. Auch dieser Band verliert die Lehrplanziele im Fach Deutsch nicht aus den Augen, auch die hier angebotenen Vertretungsstunden sind verankert in den KMK-Bildungsstandards im Fach Deutsch. Ein besonderer Schwerpunkt wurde aber darauf gelegt, die Motivation der Neunt- und Zehntklässler zu wecken.
Wie aber lässt sich die Motivation älterer Schüler in Vertretungsstunden herbeiführen? Unserer Ansicht nach am besten durch den spielerischen Wettbewerb, sei es der zwischen Klassenhälften, zwischen Kleingruppen oder aber zwischen einzelnen Schülern. Neben dieser spielerischen Rivalität soll ein zweiter Motivationsimpuls die Beschäftigung mit interessanten Inhalten sein. Diese sollen die Schüler überraschen, weil sie von ihnen im Rahmen des Deutschunterrichts bisher noch kaum etwas gehört haben. Denn vermutlich haben die Schüler bisher selten über Versprecher, sprachliche Entgleisungen von Fußballspielern oder das Fehlen von Wörtern in unserer Sprache nachgedacht.

Vorwort

Vielfalt

Daneben war es unser Ziel, bei den Ideen auch eine thematische Vielfalt anzubieten, sodass unterschiedlichen Klassenmentalitäten angemessen begegnet werden kann.
Vielfalt ist aber auch gegenüber den Lehrern geboten. Der Kollege, der am restlichen Tag Unterrichtsstunden hält, in denen er stark als Gesprächsleiter gefordert ist, wird froh sein, wenn er Kopien austeilen kann. In vielen Lehrern steckt aber auch ein geborener Showmaster, der als „Klassenzimmer-Jauch" gerne einen Joker aufschwatzt.
Vielfalt ist aber noch aus einem weiteren Grund angezeigt: Wenn der Kollege vertreten werden muss, der mit einer Klasse den ganzen Vormittag ein Museum besucht, weiß man dies oft schon einige Tage früher, sodass man rechtzeitig Kopien anfertigen und einen Stundenentwurf auswählen kann, dessen Ablauf eine gewisse Vorbereitungszeit erfordert. Anders gelagert ist der Fall bei vielen krankheitsbedingten Vertretungsstunden. Diese fallen oft so kurzfristig an, dass keine Zeit mehr für die Anfertigung von Kopien in Klassensatzstärke (Wie viele Schüler sitzen eigentlich in der fremden Klasse?) bleibt. In diesem Fall sind die vielen Folienvorlagen hilfreich.
Die Materialien sind nach Schwerpunkten des Faches Deutsch aufgeteilt und mit folgenden Symbolen gekennzeichnet:

Texte und literarische Gattungen

Sprache unter der Lupe

Richtiges und gutes Deutsch

Vorlesen und freies Sprechen

Zusatzmaterialien

Motivation und Vielfalt waren unsere Leitgedanken für die Erstellung dieser Materialien. Vor allem aber beruhen sie auf langjährigen, guten Erfahrungen. Wir wünschen Ihnen, dass auch Sie gute Erfahrungen machen, ja Sie sich vielleicht still und verborgen auf die eine oder andere Vertretungsstunde freuen. Lassen Sie sich die Freude aber niemals im Lehrerzimmer anmerken. Sonst wird man Sie noch häufiger einteilen!

* Aus Gründen der besseren Lesbarkeit haben wir in diesem Buch durchgehend die männliche Form verwendet. Natürlich sind damit auch immer Frauen und Mädchen gemeint, also Lehrerinnen, Schülerinnen etc.

Texte und literarische Gattungen

ABC

Lyrik mit Lücken 1/3

1. Die Schüler legen sich Stift und Papier zurecht.
   Auf das Papier schreiben sie jeweils ihren Namen.

2. Der Lehrer erläutert: *Ich lege euch ein Gedicht auf, in dem eine Lücke enthalten ist. Notiert das Wort oder die Wortfolge, die gut in die Lücke passen könnte. Wer fertig ist, meldet sich. Die ersten vier dürfen ihren Text abgeben. Doch aufgepasst: Wer unleserlich geschrieben hat, kassiert Minuspunkte. Wer eine so schlechte Lösung geschrieben hat, dass niemand ihm die Lösung abkauft, erhält ebenfalls Minuspunkte. Wer also zu schnell erfindet, kann mehr verlieren als gewinnen. Wer allerdings zu langsam ist, kann erst in der nächsten Runde (der Raterunde) Pluspunkte holen, und da gibt's nicht so viele Punkte zu gewinnen.*

3. Nun legt der Lehrer den ersten Lückentext auf dem Overhead-Projektor auf. Die Schüler schreiben und melden sich. Wenn der Lehrer unsicher ist, welche vier Schüler sich zuerst gemeldet haben, kann er eventuell auch eine Lösung mehr oder weniger annehmen.

4. Der Lehrer macht sich kurz vertraut mit den Lösungen der Schüler, sodass er alle flüssig und gut vorlesen kann. Kleine sprachliche Fehler können beim anschließenden Vorlesen unauffällig korrigiert werden. Wenn die Schrift hingegen zu schlecht ist, wird der Zettel zurückgegeben, und der Schüler erhält zehn Minuspunkte.

5. Der Lehrer liest nun die vier Lösungen der Schüler und an einer nicht vorhersehbaren Stelle die originale Lücke vor. Dabei muss er natürlich aufpassen, dass die Schüler nicht mitbekommen, ob er von einem Schüler- oder einem Lösungsblatt vorliest. Wenn vorher noch Zeit ist, könnte der Lehrer die Lösungen auf Zettel „vorschreiben".

--> **Tipp:** In vielen Klassenzimmern stehen so genannte „Spickbretter" (Sichtblockaden), aus denen sich schnell eine kleine, geheime „Vorlesekabine" bauen lässt.

6. Vor dem zweiten Verlesen der Lösungen („Jetzt kommt Lösung eins: … usw.") fordert der Lehrer die Schüler auf, sich zu melden, wenn sie meinen, die richtige Lösung gehört zu haben. Ein Schüler notiert an der Tafel mit, wie viele Schüler sich jeweils bei einer Lösung gemeldet haben.

7. Anschließend kommt es zur Punktevergabe:
   - Jeder Schüler, der die Originalformulierung erkannt hat, erhält 5 Punkte.
   - Die Schüler, die einen Vorschlag eingebracht haben, erhalten so viele Punkte, wie sich Schüler bei ihrem Vorschlag gemeldet haben.
   - Wenn ein Schüler einen Vorschlag eingebracht hat, auf den kein anderer Schüler gesetzt hat, erhält er zehn Minuspunkte.

8. Der Lehrer fordert die Schüler auf, ehrlich die eigenen Punkte zu notieren. Die nächste Runde beginnt mit einem neuen Gedicht. Kurz vor dem Ende der Vertretungsstunde werden die Punkte zusammengezählt. Vielleicht erhält der Punktbeste einen kleinen Preis …

Conrad Ferdinand Meyer:

Der römische Brunnen

Aufsteigt der Strahl,
und fallend gießt
Er voll der Marmorschale Rund,
die, sich verschleiernd, überfließt
in einer zweiten Schale Grund;
die zweite gibt, sie wird zu reich,
der dritten wallend ihre Flut,
________________ zugleich
und strömt und ruht.

Eduard Mörike:

____

Im Nebel ruhet noch die Welt,
Noch träumen Wald und Wiesen:
Bald siehst du, wenn der Schleier fällt,
Den blauen Himmel unverstellt,
Herbstkräftig die gedämpfte Welt
In warmem Golde fließen.

Joachim Ringelnatz:

Arm Kräutchen

Ein Sauerampfer auf dem Damm
stand zwischen Bahngeleisen,
machte vor jedem D-Zug stramm,
sah viele Menschen reisen.

Und stand verstaubt
und schluckte Qualm,
schwindsüchtig und verloren,
ein armes Kraut, ein schwacher Halm,
mit Augen, Herz und Ohren.

Sah Züge schwinden, Züge nahn.
Der arme Sauerampfer
sah Eisenbahn um Eisenbahn,
sah ________________.

Friedrich Hölderlin:

Hälfte des Lebens

Mit gelben Birnen hänget
Und voll mit wilden Rosen
Das Land in den See,
Ihr holden Schwäne,
Und trunken von Küssen
Tunkt ihr das Haupt
Ins heilignüchterne Wasser.

Weh mir, wo nehm ich, wenn
Es Winter ist, die Blumen, und wo
Denn Sonnenschein,
Und Schatten der Erde?

____

Sprachlos und kalt, im Winde
Klirren die Fahnen.

Ulla Hahn:

Schöne Landschaft

Mitunter tut sich
der Himmel auf
zeigt sein Geheimnis
im Spiegel der Erde
Zeigt uns was
wir noch übrigließen
von der Erde die einmal
________________.

Ernst Jandl:

vater komm erzähl vom krieg

vater komm erzähl vom krieg
vater komm erzähl wiest
eingrückt bist
vater komm erzähl wiest
geschossen hast
vater komm erzähl wiest
verwundt wordn bist
____
vater komm erzähl vom krieg

Lyrik mit Lücken 3/3 – Folie

Jakob van Hoddis:

Weltende

Dem Bürger fliegt vom spitzen Kopf
der Hut,
In allen Lüften hallt es
wie Geschrei.
Dachdecker stürzen ab
und gehen entzwei,
Und an den Küsten – liest man –
steigt die Flut.

Der Sturm ist da,
die wilden Meere hupfen
An Land, um dicke Dämme
zu zerdrücken.
Die meisten Menschen
haben einen Schnupfen.
____

Harald Grill:

übermorgen

wenn ________________
____

dann müssen wir
uns aufstellen

die arme und hände
ausbreiten wie äste

die füße müssen
wurzeln schlagen

und aussehen müssen wir
wie lebendig

(Aus: Harald Grill: Nur gestürzte Engel haben Geduld. Gedichte. Edition Toni Pongratz, Hauzenberg 1998)

Johann Wolfgang von Goethe:

Ein Gleiches

Über allen Gipfeln
Ist Ruh,
In allen Wipfeln
Spürest du
Kaum einen Hauch;
Die Vögelein schweigen im Walde.
Warte nur, __________
________________.

Joseph von Eichendorff:

Mondnacht

Es war, als hätt der Himmel
Die Erde still geküsst,
Dass sie im Blütenschimmer
Von ihm nun träumen müsst.

________________,
Die Ähren wogten sacht.
Es rauschten leis die Wälder,
So sternklar war die Nacht.

Und meine Seele spannte
Weit ihre Flügel aus,
Flog durch die stillen Lande,
Als flöge sie nach Haus.

Zahlen in Deutsch – Diagramme verstehen

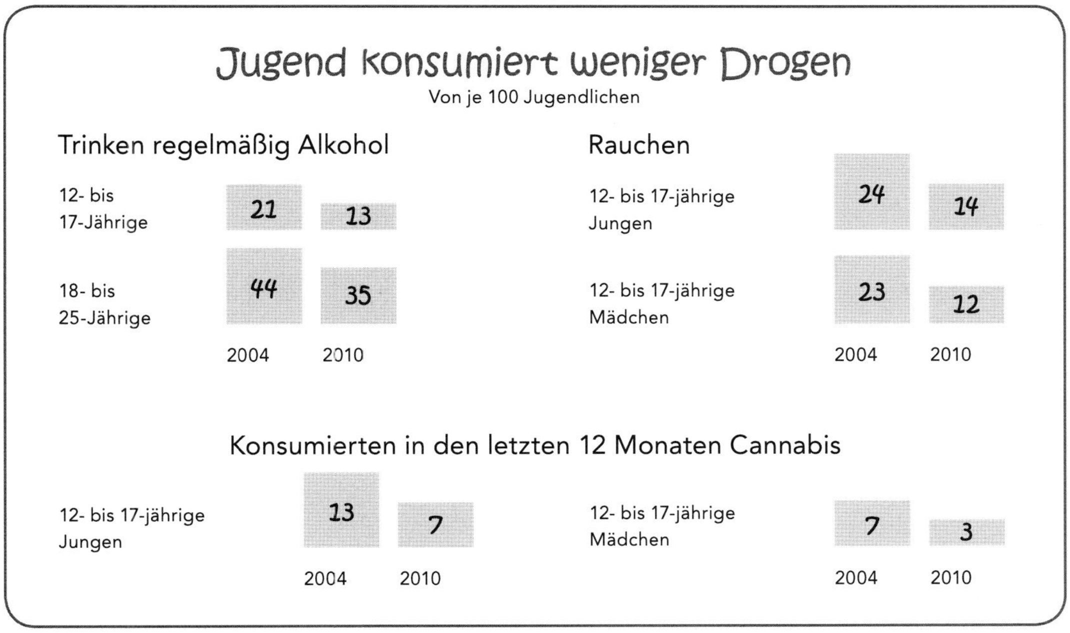

1. Schaue dir das Diagramm genau an, und markiere, ob die Aussage zutrifft (ja), nicht zutrifft (nein) oder ob sie im Diagramm gar nicht enthalten (?) ist.

Aussage	ja	nein	?
a) Beim Alkohol-, Tabak- und Cannabiskonsum sind in den vergangenen Jahren bei Jugendlichen deutliche Rückgänge zu verzeichnen.			
b) Wenn man Mädchen und Jungen zusammenzählt, kann man sagen, dass 2010 etwa ein Viertel der Jugendlichen rauchte.			
c) Beim Alkohol unterscheiden sich Jungen und Mädchen kaum.			
f) Etwa jeder siebte Junge zwischen 12 und 17 rauchte im Jahr 2010.			
e) Etwas mehr als ein Drittel der älteren Jugendlichen trank im Jahr 2010 wiederholt Alkohol.			
f) Der Cannabiskonsum hat nichts mit dem Alter der Jugendlichen zu tun.			
g) Man muss bei den Zahlen vorsichtig sein, weil viele Jugendliche bei der Umfrage vieles verschwiegen haben.			
h) Im Zeitraum von sechs Jahren verdoppelte sich der Anteil der 12- bis 17-jährigen Raucherinnen ungefähr.			
i) 18- bis 25-Jährige denken beim Alkoholkonsum nicht daran, dass die meisten schon den Führerschein haben.			

2. Macht eine anonyme Umfrage in der Klasse, und vergleicht sie anschließend mit dem Diagramm.

„Wer bin ich?" – Eine Fahndung nach literarischen Figuren 1/2

1. Die Klasse wird in zwei Mannschaften geteilt.
2. Der Lehrer liest zu einer literarischen Figur bis zu fünf Hinweise vor. Sobald ein Schüler meint, die Person erkannt zu haben, meldet er sich.
3. Nun unterbricht der Lehrer die Hinweise. Kann der aufgerufene Schüler die richtige Antwort geben, erhält seine Mannschaft 10 Punkte. Ist die Antwort falsch, erhält die andere Mannschaft die Punkte.
4. Bei der nächsten Figur geht es um 20 Punkte, anschließend um 30 usw. Das erhöht die Spannung und macht das Aufholen eines Rückstands leichter.

   Variation: Es wird so lange um die Punkte gespielt, bis eine Mannschaft die Person errät. Nach jeder falschen Antwort wird ein neuer Hinweis gegeben, und die andere Klassenhälfte darf raten. Das wird so lange wiederholt, bis die Person erkannt ist.
5. Nach dem Quiz können die Schüler zur Erweiterung der Quizfragen beitragen. Dazu wird folgende Aufgabe gestellt:
   Wähle mit deinem Banknachbarn eine weitere literarische Figur aus. Schreibt fünf Sätze auf einen kleinen Zettel. Auf der Rückseite könnt ihr den Namen der gesuchten Person notieren.
   Achtet darauf, dass die ersten Sätze nicht zu leicht sind.
   Schreibt auch eure Namen auf den Zettel.

--> **Tipp:** Spielt man mit den neuen Fragen in der Klasse, so sollte die Spielregel gelten, dass die Schüler sich nicht beim eigenen Zettel melden dürfen. Ansonsten kann der Lehrer die neuen Fragen natürlich in anderen Klassen einsetzen. Älteren Schülern macht es besonders Spaß, Fragen für die „Kleinen" zu schreiben, z.B. für die Fünftklässler. Sie notieren dann Aussagen zu literarischen Figuren, die sie „damals" kennengelernt haben.

Harry Potter
- Eine Weide zerstörte mein Fortbewegungsmittel.
- Eine verwüstete Telefonzelle ist der Eingang zu unserem Ministerium.
- Eine fette Dame im rosafarbenen Seidenkleid schützt meinen Raum.
- Im Sommer wohne ich in einer Londoner Vorstadtsiedlung.
- Mein Patenonkel kann sich in einen schwarzen Hund verwandeln.

Edward Cullen
- Meine Eltern starben an der spanischen Grippe.
- Mein Adoptivvater arbeitet in einem städtischen Krankenhaus.
- Ein junger Indianer konkurriert mit mir um dasselbe Mädchen.
- Ich kann die Gedanken anderer Lebewesen lesen.
- Nur durch eine schmerzhafte „Verwandlung" konnte ich meine junge Frau retten.

„Wer bin ich?“ – Eine Fahndung nach literarischen Figuren 2/2

Zauberlehrling
- Mit einem Beil habe ich versucht, das Unheil aufzuhalten.
- Ich hatte das Gefühl, dass 100 Flüsse auf mich einstürzen.
- Mein Meister war nicht zu Hause.
- Die Geister, die ich rief, wurde ich nicht mehr los.
- Mit den Worten „Walle, walle“ ging der ganze Schlamassel los.

Faust
- Ich habe einen Verjüngungstrunk geschlürft.
- Gott hat um mich gewettet.
- Vor der Kirche hat mir ein schönes Fräulein eine Abfuhr erteilt.
- Ich habe Philosophie, Jura, Medizin und Theologie studiert.
- Mit dem Teufel bin ich ein Bündnis eingegangen.

Kriemhild
- Vor dem Dom in Worms kam es zum Zickenkrieg mit meiner Schwägerin.
- Ein gesticktes Kreuzchen wurde meinem Mann zum Verhängnis.
- Meine Geschichte wurde auf Mittelhochdeutsch aufgeschrieben.
- Meine Brüder heißen Gunter, Gernot und Giselher.
- Mein Mann Siegfried hat einen Drachen getötet.

Julia
- Wenn die italienische Post nicht so unpünktlich gewesen wäre, wäre vielleicht alles gut ausgegangen.
- Graf Paris wollte um meine Hand anhalten.
- Ich habe mich in einen verliebt, der eine Maske trug.
- Die Lerche hat unsere gemeinsame Nacht zu früh beendet.
- Als ich ihn tot sah, habe ich mich erdolcht.

Werther
- Ich arbeitete als Rechtspraktikant.
- Beim Tanzen kam ich ihr sehr nahe.
- Ein gewisser Albert passte mir gar nicht ins Konzept.
- Während eines Gewitters hat es zwischen uns so richtig gefunkt.
- Da ich Lotte nicht bekommen konnte, habe ich zur Pistole gegriffen.

Rumpelstilzchen
- Ich kann Getreide materiell enorm aufwerten.
- Ein Bote hat mich ausspioniert.
- Ich tanze nachts um ein Feuer.
- Ich habe mich in einem Wutanfall selbst zerrissen.
- Meinen Namen hat die Müllerstochter erst am dritten Tag erraten.

Till Eulenspiegel
- Das älteste erhaltene Buch über mich ist über 500 Jahre alt.
- Es hat mir Spaß gemacht, Aussagen wortwörtlich zu nehmen.
- Auf Befehl des Bäckers habe ich Eulen und Meerkatzen gebacken.
- Der Gegenstand, den ich den Mächtigen vorgehalten habe, steckt in meinem Namen.
- Meist werde ich mit einer Narrenkappe abgebildet.

Gandalf
- Meine größte Aufgabe hat mit einer Geburtstagsparty angefangen.
- Meine Reisegruppe und ich wurden in einem alten Bergwerk getrennt.
- Mit einem von Dreien in meinem Besitz gehöre ich zu den Mächtigsten des Kontinents.
- Ich wurde zunächst „der Graue“ und später „der Weiße“ genannt.
- Ich habe Bilbo zu seinem größten Abenteuer verholfen.

Kennst du literarische Fachbegriffe? 1/2

1. Versuche, alle Begriffe des Kreuzworträtsels herauszubekommen. Wer schafft das als Erstes? Beachte: ä=ae, ö=oe, ü=ue

2. Wer bekommt zusätzlich noch das Lösungswort heraus, das man aus den Buchstaben in den fett umrandeten Kästchen bilden kann? Es bezeichnet einen beliebten Aufenthaltsort der gesuchten Begriffe.

waagrecht:

4 Literaturepoche, in der die Wälder leise und die Brunnen verschlafen rauschen.
5 In einem solchen Bühnenstück fließen am Ende Tränen.
6 Eine literarische Gattung auf den Brettern, die die Welt bedeuten.
8 Sie beginnt im Theater meist durch das Auf- oder Abtreten einer Person.
10 So nennt man es, wenn Figuren miteinander ins Gespräch kommen.
11 Eine literarische Gattung, zu der alle erzählenden Texte gehören.
13 In diesem Buchtyp wird meist schon auf den ersten Seiten jemand ermordet.
15 Damit wurden im Mittelalter die Damen bei Hof von den ritterlichen Dichtern besungen.
18 In dieser Erzählung halten uns Tiere den Spiegel vor.
20 Böse Wesen bevölkern diese Erzählungen gerne, doch am Ende siegt das Gute.
21 In diesen witzigen und bildreichen Geschichten wird die wörtliche Rede durch Sprechblasen ersetzt.
22 Er verbindet Wörter mit ähnlichem Klang, mancher Text wird durch ihn zum Gesang.
23 Diese Epoche erinnert an den Tod, fordert aber auch zum Lebensgenuss auf.
24 Was wäre ein Heiliger ohne diese Geschichte über sein Leben, die einen wahren Kern enthält?

senkrecht:

1 Sie unterteilt ein Gedicht und bündelt die Verse.
2 Sie imitiert und veräppelt einen bekannten Text.
3 Er ist dank eines Herrn mit Sprengkraft eine der höchsten Auszeichnungen für Schriftsteller.
4 Mit diesem Fachbegriff bezeichnet man die kritische Besprechung eines Buches in der Zeitung.
7 Das Selbstgespräch einer Bühnenfigur.
8 Diese Erzählung über Helden oder Götter wurde zunächst nur erzählt und erst später aufgeschrieben.
9 Ein erzählendes Gedicht, in dem auch viel gesprochen wird.
12 Diese Texte haben Reim und Rhythmus und zählen zur Lyrik.
14 Eine Erzählung, die meist den Umfang eines dicken Buches hat.
16 Goethes und Schillers Freundschaft in Weimar ist der Anfang dieser Literaturepoche.
17 In der Mathematik kann man sie mit einer Schablone zeichnen, in der Literatur ist sie eine gleichnishafte Erzählung.
19 Sie lädt zum Schmunzeln ein und ist meistens ganz schön spöttisch.

Kennst du literarische Fachbegriffe? 2/2

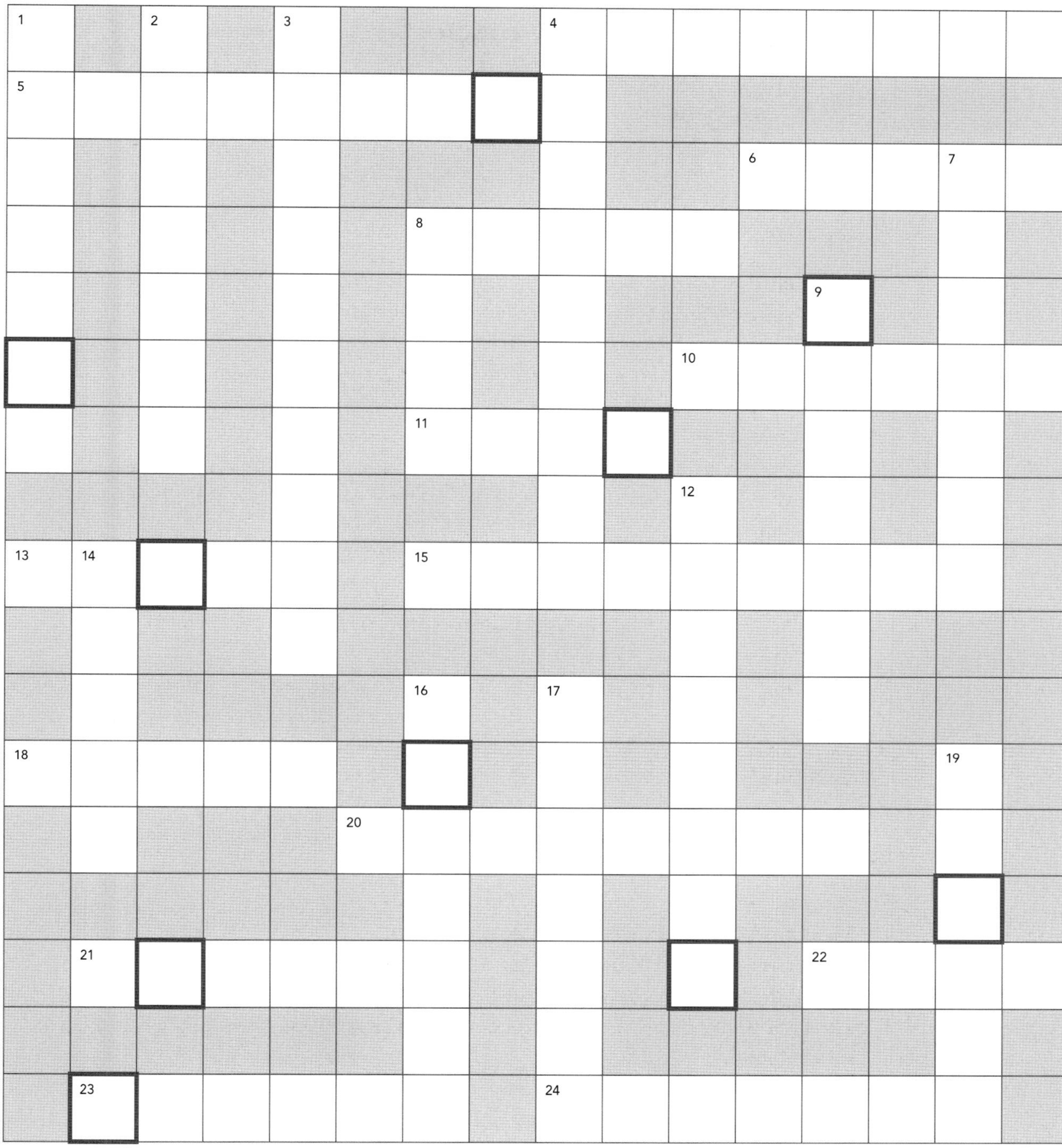

Miniszenen erfinden und spielen 1/3

Das Vorspielen von kleinen Szenen ist vor allem für Klassen mit extrovertierten Schülern geeignet. Diese werden gerne die Hauptrollen in den Szenenvorgaben einnehmen (jede Szene sieht zwei Hauptfiguren vor). Leisere Schüler können dann eine Nebenfigur oder einen Gegenstand, ein Tier etc. verkörpern.

1. In der Klasse werden 4er-Teams (in Ausnahmefällen 5er-Teams) gebildet.

--> Tipp: Am besten ist, man zählt bei 28 Schülern jeweils von 1–7 durch, anschließend bilden alle Einser ein Team, alle Zweier, etc. – So wird die Struktur selbst gewählter, rollenfixierter Kleingruppen etwas aufgebrochen.

2. Die Gruppen erhalten folgenden Auftrag: *Ihr erhaltet eine Rollenkarte, die für eure Szene zwei Hauptfiguren und eine Schlagzeile vorgibt. Überlegt euch zu dieser Schlagzeile und zu den Hauptfiguren eine kleine Handlung. Euer Spiel soll genau zwei Minuten lang sein. Denkt nach: Was ist typisch für die Figuren? Welches Problem könnte bestehen? Gibt es eine Lösung, die interessant bzw. überraschend für die Zuschauer ist? Überlegt euch, wer die Rolle der beiden Hauptfiguren verkörpert. Auch die anderen Personen in eurem Team sollten etwas spielen: Eine Ansagerin, Nebenfigur, ein Requisit (z.B. einen Staubsauger), ein Teil des Bühnenbildes (z.B. einen Baum) usw.*

3. Die Vorbereitungszeit beträgt maximal fünf Minuten, die Spielzeit zwei Minuten. Ein jeweils nicht vorspielender Schüler stoppt und gibt 15 Sekunden vor dem Ende der Spielzeit ein akustisches Signal (Glocke, Klopfen mit Lineal etc.).

Spieltipps:

- Nehmt eure Startposition ein, bevor ihr mit eurer Szene beginnt.
- Sprecht deutlich und laut in Richtung des Publikums.
- Die Szene wird nicht genau so verlaufen, wie ihr es abgesprochen habt. Reagiert einfach auf das, was der Mitspieler vorgibt.
- Versucht, die Szenen nicht zu „verlachen“: Wenn das Publikum lacht, müsst ihr als Schauspieler trotzdem in eurer Rolle bleiben.
- Konzentriert euch, wenn ihr gerade nicht selbst spielt, auf die Szene der anderen.

4. Zur Auswertung wird ein Publikumspreis vergeben: Geht in Gedanken noch einmal die vorgespielten Szenen durch. Achtet dabei auf die folgenden Kriterien: Ist die Szene spannend entwickelt worden? Waren die Dialoge gut und zu den Figuren passend? Haben die vier gut aufeinander reagiert? Wählt nun euren Favoriten: Welche Gruppe war die beste? Niemand darf für die eigene Gruppe abstimmen.

Miniszenen erfinden und spielen 2/3

Überlegt euch in fünf Minuten eine kleine Theaterszene zu folgenden Vorgaben:

Hauptfiguren: Mutter/Kind
Schlagzeile: Gerettet!

Klärt, wer die Hauptfiguren verkörpert, und sorgt dafür, dass alle in der Gruppe in der Szene vorkommen.
Euer Spiel soll zwei Minuten dauern.

Überlegt euch in fünf Minuten eine kleine Theaterszene zu folgenden Vorgaben:

Hauptfiguren: Tanzlehrer/-schüler
Schlagzeile: Erschrocken!

Klärt, wer die Hauptfiguren verkörpert, und sorgt dafür, dass alle in der Gruppe in der Szene vorkommen.
Euer Spiel soll zwei Minuten dauern.

Überlegt euch in fünf Minuten eine kleine Theaterszene zu folgenden Vorgaben:

Hauptfiguren: Zahnarzt/Patient
Schlagzeile: Ausgetrickst!

Klärt, wer die Hauptfiguren verkörpert, und sorgt dafür, dass alle in der Gruppe in der Szene vorkommen.
Euer Spiel soll zwei Minuten dauern.

Überlegt euch in fünf Minuten eine kleine Theaterszene zu folgenden Vorgaben:

Hauptfiguren: Friseur/Kunde
Schlagzeile: Abgeblitzt!

Klärt, wer die Hauptfiguren verkörpert, und sorgt dafür, dass alle in der Gruppe in der Szene vorkommen.
Euer Spiel soll zwei Minuten dauern.

Überlegt euch in fünf Minuten eine kleine Theaterszene zu folgenden Vorgaben:

Hauptfiguren: Polizist/Bankräuber
Schlagzeile: Vergessen!

Klärt, wer die Hauptfiguren verkörpert, und sorgt dafür, dass alle in der Gruppe in der Szene vorkommen.
Euer Spiel soll zwei Minuten dauern.

Überlegt euch in fünf Minuten eine kleine Theaterszene zu folgenden Vorgaben:

Hauptfiguren: Frau/Ex-Freund
Schlagzeile: Verwechselt!

Klärt, wer die Hauptfiguren verkörpert, und sorgt dafür, dass alle in der Gruppe in der Szene vorkommen.
Euer Spiel soll zwei Minuten dauern.

Überlegt euch in fünf Minuten eine kleine Theaterszene zu folgenden Vorgaben:

Hauptfiguren: Zoobesucher/Wärter
Schlagzeile: Verirrt!

Klärt, wer die Hauptfiguren verkörpert, und sorgt dafür, dass alle in der Gruppe in der Szene vorkommen.
Euer Spiel soll zwei Minuten dauern.

Überlegt euch in fünf Minuten eine kleine Theaterszene zu folgenden Vorgaben:

Hauptfiguren: Fahrlehrer/Schüler
Schlagzeile: Ausgebremst!

Klärt, wer die Hauptfiguren verkörpert, und sorgt dafür, dass alle in der Gruppe in der Szene vorkommen.
Euer Spiel soll zwei Minuten dauern.

Miniszenen erfinden und spielen 3/3

Überlegt euch in fünf Minuten eine kleine Theaterszene zu folgenden Vorgaben: **Hauptfiguren:** Kellner/Gast **Schlagzeile:** Rausgeworfen! Klärt, wer die Hauptfiguren verkörpert, und sorgt dafür, dass alle in der Gruppe in der Szene vorkommen. Euer Spiel soll zwei Minuten dauern.	Überlegt euch in fünf Minuten eine kleine Theaterszene zu folgenden Vorgaben: **Hauptfiguren:** Trainer/Sportler **Schlagzeile:** Heimgezahlt! Klärt, wer die Hauptfiguren verkörpert, und sorgt dafür, dass alle in der Gruppe in der Szene vorkommen. Euer Spiel soll zwei Minuten dauern.
Überlegt euch in fünf Minuten eine kleine Theaterszene zu folgenden Vorgaben: **Hauptfiguren:** Designer/Model **Schlagzeile:** Peinlich! Klärt, wer die Hauptfiguren verkörpert, und sorgt dafür, dass alle in der Gruppe in der Szene vorkommen. Euer Spiel soll zwei Minuten dauern.	Überlegt euch in fünf Minuten eine kleine Theaterszene zu folgenden Vorgaben: **Hauptfiguren:** Klempner/Hausfrau **Schlagzeile:** Unverschämt! Klärt, wer die Hauptfiguren verkörpert, und sorgt dafür, dass alle in der Gruppe in der Szene vorkommen. Euer Spiel soll zwei Minuten dauern.
Überlegt euch in fünf Minuten eine kleine Theaterszene zu folgenden Vorgaben: **Hauptfiguren:** Hausmeister/Lehrer **Schlagzeile:** Missverstanden! Klärt, wer die Hauptfiguren verkörpert, und sorgt dafür, dass alle in der Gruppe in der Szene vorkommen. Euer Spiel soll zwei Minuten dauern.	Überlegt euch in fünf Minuten eine kleine Theaterszene zu folgenden Vorgaben: **Hauptfiguren:** Busfahrer/Fahrgast **Schlagzeile:** Schreckhaft! Klärt, wer die Hauptfiguren verkörpert, und sorgt dafür, dass alle in der Gruppe in der Szene vorkommen. Euer Spiel soll zwei Minuten dauern.
Überlegt euch in fünf Minuten eine kleine Theaterszene zu folgenden Vorgaben: **Hauptfiguren:** Stewardess/Passagier **Schlagzeile:** Überrascht! Klärt, wer die Hauptfiguren verkörpert, und sorgt dafür, dass alle in der Gruppe in der Szene vorkommen. Euer Spiel soll zwei Minuten dauern.	Überlegt euch in fünf Minuten eine kleine Theaterszene zu folgenden Vorgaben: **Hauptfiguren:** Museumswärter/ Besucher **Schlagzeile:** Getäuscht! Klärt, wer die Hauptfiguren verkörpert, und sorgt dafür, dass alle in der Gruppe in der Szene vorkommen. Euer Spiel soll zwei Minuten dauern.

Die ersten Sätze eines Buches entscheiden häufig darüber, ob wir es lesen oder nicht. Sie sagen aber auch viel über die Entstehungszeit aus. Während das traditionelle Erzählen von ausholenden, informierenden Anfängen geprägt ist, ist für die Moderne die Unmittelbarkeit charakteristisch geworden: Heute klingen erste Sätze oft so, als seien sie aus der Mitte des Romans herausgegriffen. Im Rahmen dieses Spiels sollen die Schüler ein Gefühl für die unterschiedlichen und originellen Arten des Anfangs bekommen und zugleich versuchen, einen bestimmten Stil nachzuahmen.

1. In der Klasse werden kleine Teams gebildet (ca. 4–5 Personen).
2. Der Lehrer gibt den Titel eines Romans und den ersten Satz bzw. die ersten Sätze mit der entsprechenden Lücke vor. Er kann diese Sätze mit Auslassungen vorlesen, leichter wird es für die Schüler aber, wenn die Sätze zusätzlich sichtbar sind (Overheadfolie).
3. Die Schüler erhalten folgenden Arbeitsauftrag: *Versucht, den ersten (Teil-)Satz so zu schreiben bzw. die Lücke so zu ergänzen, dass man das Gefühl hat, der könnte wirklich genauso im Original stehen. Es geht nicht darum, die richtige Lösung zu finden. Das ist so gut wie unmöglich.*
4. Die Schüler fertigen auf einem Zettel einen gemeinsamen Entwurf an, schreiben den Namen ihres Teams dazu und geben den Zettel beim Lehrer ab. Je lesbarer und deutlicher sie schreiben, desto größer ist ihre anschließende Gewinnchance. Diese steigt natürlich auch damit, dass sie den Stil des Originals so genau wie möglich nachahmen.

--> **Tipp:** Legen Sie ein Zeitlimit fest.

5. Der Lehrer notiert in der Zeit, in der die Schüler schreiben, den Originalsatz ebenfalls auf einen kleinen Zettel. Natürlich kann er auch den Zettel mit den Lösungen darunter mischen. Wichtig wird dann aber sein, dass die Schüler nicht sehen, ob der Lehrer von einem Schülerzettel oder von einem anderen Zettel vorliest.
6. Wenn alle Teams ihren Vorschlag abgegeben haben, beginnt der Lehrer mit dem Vorlesen der Entwürfe (der originale erste Satz taucht an einer unvorhersehbaren Stelle mit auf). Der Lehrer kündigt die Entwürfe durchnummeriert an: *Jetzt kommt der erste Vorschlag: [...]. Nun kommt Vorschlag Nummer zwei: ...*

--> **Tipp:** Es ist gut, wenn sich der Lehrer die Entwürfe vorher genau ansieht, sodass er sie flüssig vorlesen kann (andernfalls würden die Schüler zu schnell erkennen, welcher Entwurf nicht der originale sein kann).

7. Anschließend schreibt jede Gruppe auf einen Zettel die Zahl des Entwurfs, von dem sie glaubt, es sei der originale erste Satz.
8. Es folgt die Bekanntgabe der richtigen Lösung: Wer diese erkannt hat, bekommt drei Punkte. Wer es geschafft hat, seinen Entwurf so gut zu schreiben, dass eine andere Gruppe diesen für das Original gehalten hat, erhält zwei Punkte.
   Der Punktestand wird an der Tafel notiert, und das Spiel wird mit einem neuen Romananfang fortgesetzt.

Der Zauber erster Sätze 2/3

Franz Kafka: Die Verwandlung (1915)

Als Gregor Samsa ____
verwandelt. Er lag auf seinem panzerartig harten Rücken und sah, wenn er den Kopf ein wenig hob, seinen gewölbten, braunen, von bogenförmigen Versteifungen geteilten Bauch, auf dessen Höhe sich die Bettdecke, zum gänzlichen Niedergleiten bereit, kaum noch erhalten konnte.

Schreibt den ersten Satz fertig.

Michael Ende: Momo (1973)

____.
Da erhoben sich die Paläste der Könige und Kaiser, da gab es breite Straßen, enge Gassen und winklige Gässchen, da standen herrliche Tempel mit goldenen und marmornen Götterstatuen, da gab es bunte Märkte, wo Waren aus aller Herren Länder feilgeboten wurden, und weite schöne Plätze, wo die Leute sich versammelten, um Neuigkeiten zu besprechen und Reden zu halten oder anzuhören.

Erfindet einen passenden ersten Satz.

Johann Wolfgang von Goethe: Die Leiden des jungen Werthers (1774)

____________________________________! Bester Freund, was ist das Herz des Menschen! Dich zu verlassen, den ich so liebe, von dem ich unzertrennlich war, und froh zu sein!

Erfindet einen passenden ersten Satz.

Theodor Storm: Immensee (1849)

An einem Spätherbstnachmittage ________________________________.
Er schien von einem Spaziergange nach Hause zurückzukehren; denn seine Schnallenschuhe, die einer vorübergegangenen Mode angehörten, waren bestäubt. Den langen Rohrstock mit goldenem Knopf trug er unter dem Arm; mit seinen dunklen Augen, in welche sich die ganze verlorene Jugend gerettet zu haben schien, und welche eigentümlich von den schneeweißen Haaren abstachen, sah er ruhig umher oder in die Stadt hinab, welche im Abendsonnendufte vor ihm lag.

Erfindet einen passenden ersten Satz.

Gottfried Keller: Kleider machen Leute (1874)

____

auf der Landstraße nach Goldach, einer kleinen reichen Stadt, die nur wenige Stunden von Seldwyla entfernt ist. Der Schneider trug in seiner Tasche nichts als einen Fingerhut, welchen er, in Ermangelung irgendeiner Münze, unablässig zwischen den Fingern drehte, wenn er der Kälte wegen die Hände in die Hosen steckte, und die Finger schmerzten ordentlich von diesem Drehen und Reiben.

Ergänzt den ersten Satz so, wie er gelautet haben könnte.

Heinrich Böll: Das Brot der frühen Jahre (1955)

Der Tag, an dem Hedwig kam, war ein Montag, und an diesem Montagmorgen, bevor meine Wirtin mir Vaters Brief unter die Tür schob,

______________________________,

wie ich es früher oft tat, als ich noch im Lehrlingsheim wohnte.

Ergänzt den ersten Satz so, wie er gelautet haben könnte.

Robert Schneider: Schlafes Bruder (1992)

Das ist die Geschichte des Musikers Johannes Elias Alder, der zweiundzwanzigjährig sein Leben zu Tode brachte, nachdem

______________________________.

Ergänzt den ersten Satz.

Stilübungen zu einer Begebenheit 1/4

Der französische Schriftsteller Raymond Queneau (1903–1976) hat in seinem Buch „Stilübungen" eine kleine Geschichte auf 98 verschiedene Arten erzählt. Viele dieser Stile würden Schüler überfordern. Die Grundidee kann aber übernommen werden: Eine kleine Begebenheit soll in andere Stilgattungen übersetzt werden. Die Schreibübung eignet sich für eine Partnerarbeit, weil auf diese Weise kreative Blockaden schneller überwunden werden können und nur so viele Texte entstehen, dass sie noch alle präsentiert werden können.

1. Anfangs sollte den Schülern ein Beispiel gezeigt werden, wie Texte variiert werden können (siehe Folie „Schülerbeispiel, S. 23").
2. Welche Begebenheiten sollen übersetzt werden? Im Idealfall ist es ein interessantes bzw. vergnügliches Ereignis, das an der Schule stattgefunden hat und das alle im Kopf haben. Dann reicht eine kurze gemeinsame Rückerinnerung, und los geht's!

--> Tipp: Gibt es keine solche gemeinsam erinnerte Begebenheit bzw. würde es zu lange dauern, diese hervorzukramen, kann man auf eine der vergnüglichen Zeitungsnachrichten (Folienvorlage) zurückgreifen. Diese sollen während der ganzen Schreibphase am OHP eingeblendet bleiben.

3. Zur Frage, wer welche Stilgattung wählt, ergeben sich zweierlei Möglichkeiten:
   Zeitintensivere Variante: Der Lehrer sammelt mit den Schülern zuerst verschiedene Stilarten an der Tafel und erläutert sie ganz kurz. Die auf dem folgenden Arbeitsblatt mit den Ausschneidekärtchen (S. 25) angegebenen Möglichkeiten können dafür eine Anregung sein. Das hat den Vorteil, dass die Schüler eigene Ideen einbringen können. So übersetzte ein Mädchen, das eine leidenschaftliche Judoka war, den Ausgangstext im Beispiel unten in die „Judo-Sprache". Anschließend wählt jedes Schreibteam selbst eine Variante und versucht in 20 Minuten, den Text in die gewählte Stilart zu übersetzen.

   Zeitsparendere Variante: Zwei Banknachbarn erhalten jeweils eines der Ausschneidekärtchen und haben anschließend ca. 20 Minuten Zeit, um den Ausgangstext in eine Stilart zu übersetzen.
4. Kurz vor dem Abschluss sollte der Lehrer die Schüler auffordern, nun ihre Variante kurz zu üben, sodass sie gut und zum Stil passend vorgelesen – besser noch: vorgetragen – werden kann. Ein guter Vortrag ist nun viel wichtiger, als die Fertigstellung des Textes. Gerade wenn Schüler schwierigere Varianten gewählt haben, ist es schwierig, diese wirklich im Rahmen einer Vertretungsstunde fertigzustellen.
5. Die Banknachbarn tragen den Text gemeinsam vor. Nach dem Vortrag – egal wie gut der Text und Vortrag war – wird genannt, was die beiden am besten gemacht haben. Ein kleiner Applaus am Ende wird alle ermutigen.

--> Tipp: Während der Präsentation soll niemand mehr schreiben, die Konzentration gilt den vorgetragenen Texten.

Schülerbeispiel der Stilvariation Fachsprache (hier Judo, in diesem Fall mit Erklärungen)

Die Klasse 9c war unterwegs ins Berufsinformationszentrum (BIZ). Eine Schülerin musste in diesen Tagen mit Krücken gehen. Allerdings wollte sie nicht im Schulhaus bleiben, um in einer anderen Klasse den Unterricht zu genießen. Was blieb ihr also anderes übrig, als dem Rest der Klasse mit den Krücken zu folgen? Der Rückstand der Schülerin wurde aber immer größer, und es bildeten sich erste Blasen an den Händen, der Weg zum BIZ war jedoch noch weit. Die Klassensprecherin begab sich in einen auf dem Weg liegenden Supermarkt und fragte höflich, ob sie sich einen Einkaufswagen ausleihen könne. Die etwas verdutzte Verkäuferin willigte ein. Die Münze wurde in den Wagen gesteckt, und dieser diente nun nicht zum Einkauf, sondern zum Transport der verletzten Schülerin ins BIZ. Dem begleitenden Lehrer, dem bei der Aktion ohnehin nicht ganz wohl war, wurde noch mulmiger, als ein Polizeiwagen den Pulk passierte und immer mehr verlangsamte. Schließlich fuhr er aber doch vorbei, ohne sich näher nach dem Gefährt zu erkundigen.

Die Klasse befand sich auf dem ju **[sanften]** Do **[Weg]** in den Kodokan **[„Mekka des Judos" erste Judoschule]** der Berufswahl. Eine hatte sich doch das Ashi **[Bein]** beim Budo **[Kriegskünste]** verletzt und war außer Gefecht gesetzt. Wäre da unserem Ko-Sensei **[„Kleiner Meister"]** nicht ein Nage **[Wurf]** gelungen, auf die sie ein Ippon **[vorzeitiges Kampfende „Sieg"]** bekam. Durch Za-Rei **[Gruß kniend]** ihres Tai **[Körper]** haraite **[harai: fegen]** sie dem Uke **[Verteidiger]** mit hidari **[links]** einen Einkaufswagen ab, indem unser tapferer Judoka **[Judokämpfer]** mit Uki **[Schwung]** ins Dojo **[Trainingsstätte]** transportiert wurde. Kein Hansoku **[verbotene Handlung]**! Der o-Sensei **[„Großer Meister"]** wurde schon ganz ko **[klein]** bei dem Do **[Weg, Methode]**, doch wir konnten doch noch ein Hansoku-make **[Disqualifikation]** verhindern und ein Gachi **[Sieg]** ohne Keikoku **[Verwarnung]** der Polizisten erringen.

Hund fährt allein ICE

Frankfurt. Einsteigen bitte, Tür schließen selbsttätig! Ein Hund hielt es Silvester nicht allein zu Hause aus und fuhr deshalb lieber ICE: Das Tier stieg in Köln einfach in die Bahn und fuhr nach Frankfurt. Während der Fahrt wurde jedoch der Lokführer auf seinen „blinden Passagier" aufmerksam und benachrichtigte an der Endstation die Polizei. Diese gab den Hund in einem Tierheim ab, wo die Besitzer ihn schließlich Neujahr abholten. Ob sich der Ausflug wohl gelohnt hat?

Frosch in der Ananas-Kiste

Hoppla! Eine Spring-Ananas? Nein! Ein Frosch war es, der einer Verkäuferin in Düsseldorf einen Riesenschreck einjagte: Er sprang ihr aus einer Kiste mit Ananas entgegen. Die Frau rief die Feuerwehr. Sie dachte, der Frosch sei giftig, da die Ladung aus Costa Rica stammte. Die Männer brachten dann einen Experten mit, und der stellte fest: Der grüne Winzling war ein ganz harmloser Laubfrosch – aber ein weit gereister. Vermutlich sei er beim Ein- oder Umpacken mit in die Kiste gelangt. Der Supermarkt konnte erst mit einer Stunde Verspätung wieder öffnen.

Frau findet Python in ihrem Bett

München. Der Albtraum vieler Menschen ist gestern einer Münchnerin in der Realität widerfahren: Als die Frau sich abends in ihr Bett legen wollte und die Decke zurückschlug, fand sie darin eine Riesenschlange. Ihre Länge betrug immerhin schon 1,20 Meter, wie die Auffangstation für Reptilien berichtete. Die Frau rief die Feuerwehr, die den Königspython in die Auffangstation brachte, wo er nun betreut wird. Die Mitarbeiter vermuten, dass die Schlange aus einem Terrarium ausgebrochen ist oder von seinem Besitzer ausgesetzt wurde. Für Letzteres spricht die Tatsache, dass der Vorfall bereits vor zwei Wochen geschehen ist, sich aber immer noch kein Besitzer gemeldet habe.

Stilübungen zu einer Begebenheit 4/4

Formuliert den Inhalt so, wie ihn eine der beteiligen Personen in ihr Tagebuch notieren würde.	Formuliert den Inhalt so, als würde ein Sport-reporter gerade live berichten.	Formuliert den Inhalt in der Sprache eines Comics (ohne Bilder).
Gebt den Inhalt des Textes in einem kleinen Gedicht wieder.	Gebt den Inhalt des Textes mit vielen Ausrufen wieder!	Gebt den Inhalt des Textes in einem euch bekannten Dialekt wieder.
Gebt den Inhalt in irgendeiner Fachsprache (z.B. mit PC-Begriffen) wieder.	Verwandelt den Text in ein kleines Märchen. Inhaltliche Abweichungen sind möglich.	Verwandelt den Ausgangstext in die Erzählung eines Kinder-gartenkindes.
Verwandelt den Ausgangstext in die Erzählung eines alten, etwas vergesslichen Opas.	Verwandelt den Ausgangstext in einen humorvollen denglischen Text.	Schreibt einen lautmalerischen Text (Geräusche werden in Worten wiedergegeben, z.B. „Boing, boing, boing“.)
Schreibt die Erzählung einer Person, der das ganze Geschehen eigentlich furchtbar peinlich ist.	Verwandelt den Ausgangstext in die Erzählung eines Betrunkenen.	Verwandelt den Ausgangstext in die Erzählung einer Person, die mit den Nerven völlig am Ende ist.
Verwandelt den Ausgangstext in die Erzählung einer Person, die sich in den Einzel-heiten der Geschichte verliert.	Verändert den Aus-gangstext in die Erzäh-lung einer Person, die das Geschehen voller Begeisterung miterlebt hat.	Wähle einen Moment des Ausgangstextes. Formuliere sodann einen kurzen Dialog fürs Theater.
Teilt die Begebenheit im Rahmen eines sehr förmlichen, amtlichen Briefes mit.	Teilt die Begebenheit als SMS mit. SMS sind kurz. Schreibt daher mehrere SMS.	Formuliert den Ausgangstext so, wie ihr ihn als Beteiligter bei Facebook posten würdet.

ABC

Freies Schreiben zu Musik

Schreiben ist für die Schüler häufig verbunden mit den stark formalisierten Formen. Daher kommen kreativ-produktive Schreibformen oft sehr kurz – nicht zuletzt auf Grund der nicht leichten Leistungsbewertung kreativer Texte. Gerade deshalb kann eine Vertretungsstunde einen Freiraum für das freie Schreiben bieten. Da dieses aber häufig ein Beliebigkeitsproblem beinhaltet („Worüber soll ich bloß schreiben, wenn ich über alles schreiben darf?"), kann Musik einen Anstoß bieten und der Kreativität einen Richtungsimpuls geben: Die Musik soll die Vorstellungskraft der Schüler anregen.

--> Tipp: Sie können eigene Musik, Stücke aus der Musiksammlung der Schule, Songs aus dem Internet (Rechte beachten!) etc. nutzen.

1. Der Lehrer gibt den Schülern folgenden Arbeitsauftrag: *Höre der Musik zu, schließe die Augen, und achte darauf, welche Bilder vor deinem inneren Auge auftauchen.* Nach einer Zeit des Zuhörens können die Schüler dann eingeladen werden, einen Text zu schreiben, der so beginnt: *Vor meinem inneren Auge sehe ich … oder: Die Musik würde zu einer Filmszene passen, die gerade Folgendes zeigt bzw. in der gerade Folgendes passiert …*
   Bei sprachärmeren Klassen kann der Arbeitsauftrag auch erleichtert werden: *Schreibe möglichst viele passenden Adjektive zu dieser Musik bzw. Formuliere einige (Film-)Titel, die zu dieser Musik passen bzw. Beschreibe die Farben, die du beim Hören der Musik vor dir siehst, möglichst genau. Siehst du auch bestimmte Personen, wenn ja, versuche, sie zu benennen bzw. zu beschreiben.*
   Wichtig ist, dass die Schüler zum Freien Schreiben ermuntert werden: Sie dürfen abschweifen, sie müssen keinen Höhepunkt ausgestalten, eine Geschichte, die sie zur Musik schreiben, kann irgendwo beginnen und muss keinen erkennbaren Abschluss finden usw. Erleichternd kann auch die Zusage wirken, dass niemand vorlesen muss.
2. Nach dem Schreibprozess kann jeder Schüler den Text mit einem Mitschüler seiner Wahl tauschen und vergleichen, was der andere zu dieser Musik empfunden und geschrieben hat.
3. Mutige Schüler können auch dazu eingeladen werden, ihren Text vorzulesen (evtl. auch leise von der Musik untermalt). Wenn die Texte kommentiert werden, dann nur im positiven Sinn: Welche Stelle des Textes hat euch am besten gefallen? Gibt es eine Stelle im Text, die auch eure Empfindungen beim Hören der Musik widerspiegelt?

Welche Musik ist geeignet?

Wenig geeignet sind textlastige Songs aus der aktuellen Pop- und Rockmusik, weil hier die Fokussierung zu sehr auf Text und Interpretation liegt bzw. vor dem inneren Auge der Schüler meist nur die entsprechenden Videoclips auftauchen. Esoterisch anmutende Berieselungsmusik beinhaltet häufig zu wenige Impulse. Gut sind Soundtracks von Filmen, die Schüler kaum kennen (z.B. von Ennio Morricone) oder natürlich viele Stücke aus der klassischen Musik (z.B. aus Vivaldis „Vier Jahreszeiten").

Sprache unter der Lupe

„Was geht denn da ab?" – Jugendsprache

1. Im Rätsel findest du eine Erklärung, und du sollst das jeweilige jugendsprachliche Wort ergänzen. Dieses setzt sich immer aus zwei Nomen zusammen. Diese Bestandteile findest du in der Liste unten.

Erklärung	jugendsprachliche Variante														
Die Zeitschrift „Apothekenumschau"			R	E	N	T	N	E	R	B	R	A	V	O	
Kirche															
Bedienung im Restaurant															
Deoroller															
Jemand, der ungern feiert															
Jemand, der sehr intelligent ist															
Bibliothek															
Jemand, der alles aufisst															
Damentoilette															
Honig															
Zahnspange															
Blumen															
Krawatte															
Mensch mit roten Haaren															
Taschentuch															
Zungenkuss															
sehr intelligentes Mädchen															
Handtasche															
Pizza															
Jemand, der viel am PC sitzt															
Radiergummi															
Lehrer															
Glatzkopf															

ABLEITER-ACHSEL-BIENEN-BILLARD-BLITZ-BRAUT-~~BRAVO~~-BURG-CHECKER-DISKO-DUFT-FAHRRAD-FEUER-GEMUESE-GLOCKEN-HEFT-HENGST-KNUTSCHER-KOTZE-KRATZER-KREIDE-KUGEL-LEERER-LEUCHT-MAFIA-NASEN-PARTY-~~RENTNER~~-SAUGER-SCHAL-SCHRANKE-SPEICHEL-STAUB-STREBER-TANZ-TASTEN-TAXI-TELLER-TEUFEL-TORTE-TREFF-TURM-TUSSI-VERTRETER-WOHNUNG-ZWEIT

2. Die Buchstaben in der Spalte mit der fetten Umrandung ergeben eine originelle jugendsprachliche Formulierung. Was könnte diese Formulierung bedeuten?

Ist Werbung unverständlich?

Viele Unternehmen denken sich: Wenn wir unsere Werbebotschaften englisch formulieren, verkaufen sich unsere Produkte besser. Vor einigen Jahren hat ein Marktforschungsinstitut Menschen zwischen 14 und 49 Jahren befragt, was sie verstehen, wenn sie diese Werbebotschaften von bekannten Firmen hören. Dabei hat sich gezeigt, dass viele diese Botschaften gar nicht oder falsch verstanden werden. So wurde der SAT.1-Slogan „Powered by emotion" beispielsweise folgendermaßen verstanden: Kraft durch Freude (Vorsicht: Sprache des Nationalsozialismus), Strom bei Emotion, sexuell erregt sein, elektrisierende Gefühle, Kraft und Gefühle, ich zeige Emotionen.

1. In der Tabelle siehst du, wie viele der befragten Personen die jeweilige Werbebotschaft verstanden haben. Wie wäre es dir ergangen? Schreibe in die freie Spalte, was der englische Satz deiner Meinung nach bedeutet.
2. Schreibe deinen Namen auf das Blatt. Tauscht die Blätter untereinander aus, sodass jeder eine fremde Lösung erhält.
3. Nun gibt euer Lehrer die Lösungen bekannt. Mache nun ein Korrekturhäkchen in die letzte Spalte, wenn du der Ansicht bist, dass die richtige Bedeutung erkannt wurde. Zähle die richtigen Antworten auf dem Blatt zusammen. Trage die Gesamtpunktzahl ein, und gib das Blatt anschließend an denjenigen zurück, der es bearbeitet hat.
4. Nun könnt ihr noch feststellen, wer die meisten richtigen Antworten erzielt hat.

Rang	Unternehmen	Werbebotschaft	meine Übersetzung	voll verstanden in %	richtig?
01	McDonald's	Every time a good time		59	
02	Lufthansa	There's no better way to fly		54	
03	Douglas	Come in and find out		34	
04	SAT.1	Powered by emotion		33	
05	Esso	We're drivers too		31	
06	Loewe	Stimulate your senses		25	
07	Kodak	Share moments, share life		24	
08	Audi TT	Driven by instinct		22	
09	Citibank	Where money lives		21	
10	Mitsubishi	Drive Alive		16	

(Informationen nach: www.uebersetzerportal.de/nachrichten/n-archiv/2003/2003-09/2003-09-08.htm)

Lebendiges Deutsch – Gute Ideen sind gefragt!

Die Stiftung deutsche Sprache ärgert sich schon länger darüber, dass im Deutschen unnötig viele Formulierungen aus der englischen Sprache (= Anglizismus) vorkommen. Deshalb hatte sie eine Zeit lang die „Aktion lebendiges Deutsch" durchgeführt. Dabei ging es darum, für diese Anglizismen eine griffige, kurze deutsche Formulierung zu erfinden. So schlägt die Stiftung zum Beispiel vor, das Wort „Airbag" durch das Wort „Prallkissen" zu ersetzen.

1. Jetzt sind deine Fantasie und dein Gespür für die deutsche Sprache gefragt. Versuche, mit deinem Banknachbarn für die folgenden Formulierungen aus dem Englischen gute, griffige deutsche Formulierungen zu finden. Es soll nicht nur übersetzt werden, sondern die deutsche Formulierung soll auch gut klingen.

Anglizismus	mein Vorschlag
Beamer	
Blockbuster	
Casting	
Chatten	
Nordic Walking	
Fastfood	
Public Viewing	
Wellness	
Bestseller	
Update	
all you can eat	

2. Macht anschließend in der Klasse eine Abstimmung: Wer von euch ist ein guter Sprachschöpfer? Welcher Vorschlag erhält die meisten Stimmen?

3. Welche Wörter aus fremden Sprachen nerven dich manchmal, wenn du ihnen im Alltag begegnest? Es müssen nicht unbedingt Wörter aus dem Englischen sein. Vielleicht bist du auch der Ansicht, man könnte das italienische Wort „Lasagne" ganz gut durch eine deutsche Formulierung ersetzen.
   - Erstelle auf der Rückseite des Blattes eine Tabelle wie die unten auf der Seite.
   - Notiere diese Wörter in der linken Spalte, und tausche dein Blatt mit einem Mitschüler.
   - Schreibe nun auf das Blatt deines Mitschülers in die rechte Spalte deinen deutschsprachigen Vorschlag, und gib das Blatt anschließend zurück.
   - Tauscht euch über eure Vorschläge aus.

nervendes Wort aus fremder Sprache	Vorschlag meines Tauschpartners

Ausgewanderte Wörter

Manche deutsche Wörter werden nicht nur in deutschsprachigen Ländern benutzt: Sie haben es geschafft, auszuwandern und in einer fremden Sprache heimisch zu werden. Manchmal haben sich dabei die Wörter verändert: Manche haben ihre Bedeutung verändert, manche ihr Aussehen, manche beides.

1. In der mittleren Spalte der folgenden Tabelle findest du ausgewanderte deutsche Wörter. Manchmal sehen sie so verändert aus, dass man nicht auf den ersten Blick erkennt, auf welches deutsche Wort bzw. auf welche deutschen Wörter sie zurückgehen. Versuche in solchen Fällen, in der ersten Spalte das ursprüngliche deutsche Wort einzutragen. In der rechten Spalte findest du Erklärungen zu den Wörtern. Versuche, die Bedeutung und das dazu passende ausgewanderte Wort jeweils richtig zu verbinden.

ursprüngliches deutsches Wort bzw. deutsche Wörter	ausgewandertes deutsches Wort	Bedeutung des ausgewanderten Wortes
Strudel	strudel	im Französischen „Guckfenster" und „Türspion", im Italienischen „Klappfenster"
	loustic	umgangssprachliche Bezeichnung im amerikanischen Englisch für „ablehnen", „verbieten"
	to nix	im Polnischen eine Bezeichnung für etwas, das man nicht genau bestimmen kann, z.B. „Dingsbums"
	Vasistas	im Finnischen Berufsbezeichnung für Hausmeister und Portiere
	Wihaister	Bezeichnung für das @-Zeichen im Hebräischen
	vahtimestari (gesprochen: „wachtimestari"	im Französischen eine Bezeichnung für einen Frechdachs und Witzbold

2. Natürlich sind auch viele Wörter aus anderen Sprachen ins Deutsche eingewandert. Aus dem Englischen wirst du viele Wörter kennen, die hier heimisch geworden sind. Kennst du aber auch eingewanderte Wörter aus anderen Sprachen?
Notiere so viele, wie dir einfallen, aus möglichst verschiedenen Sprachen auf der Rückseite. Gib immer auch an, aus welcher Sprache das Fremdwort vermutlich stammt, z.B. Sauna (Finnisch).

Ein Duden für die Zukunft!

„Ich finde, der ist scheurogant!" – Kommt dir „scheurogant" seltsam vor? Du hast Recht: Das Wort gibt es eigentlich nicht. Obwohl man es doch brauchen könnte, um Personen zu bezeichnen, die auf den ersten Blick arrogant wirken, aber damit nur ihre Unsicherheit überspielen. Wäre es da nicht einfacher, ein solches neues Wort (Fachwort: Neologismus) zu bilden?
Manchmal setzen sich solche neuen Wörter (Plural: Neologismen) auch durch. Der bekannteste Worterfinder in der deutschen Sprache war Philipp von Zesen (1619–1689). Er erfand u.a.: Augenblick, Bücherei, Kreislauf, Leidenschaft, letzter Wille und Weltall.

1. Für die folgenden Erfahrungen fehlt uns noch ein geeignetes Wort. Erfinde ein neues Wort. Gehe nicht willkürlich vor, sondern finde eine originelle Lösung, die die Chance hat, sich durchzusetzen und eines Tages im Duden der Zukunft zu landen!

Wortart	mein Neologismus	Erklärung
Verb		bei einem englischsprachigen Lied irgendwie mitsingen, obwohl man den Text eigentlich nicht richtig versteht
Adjektiv		Gefühl, das sich einstellt, wenn man feststellt, dass ein Samstag oder Sonntag ist, obwohl man nach dem Aufwachen mit einem Schultag gerechnet hatte
Nomen		Angst, eine private Nachricht auf einem Netzwerk (wie Facebook) als Statusmeldung veröffentlicht zu haben, die für alle sichtbar ist
Adjektiv		grundlos vollkommen überdreht und albern sein und über jeden niveaulosen Blödsinn lachen können, ganz ohne Alkoholeinfluss
Verb		eigentlich lernen wollen, aber stattdessen aufräumen, Blumen gießen, Geschirr spülen, Gitarre üben …
Nomen		Jungs, die sich im Chat einen weiblichen Nick zulegen, damit jemand mit ihnen chattet (bzw. umgekehrt: Mädchen, die sich einen männlichen Nick…)

2. Überlege dir nun noch eine Erfahrung, für die man auch ein Wort bräuchte. Gib die Wortart und die Erklärung an. Reiche dein Blatt an jemanden weiter, der auch schon fertig ist. Derjenige soll diesmal den Neologismus auf deinem Blatt eintragen. Du ergänzt dafür den fehlenden Neologismus bei ihm.

--> Tipp: Die Aufgabe könnt ihr auf der Rückseite des Blattes mit weiteren Begriffen wiederholen.

„Versprecher von der Polizei gefasst" – Was passiert bei Versprechern? 1/3

Ein Radiosprecher sagt: „Der Versprecher wurde von der Polizei gefasst". Eigentlich wollte er natürlich sagen: „Der Verbrecher wurde von der Polizei gefasst." Die Wörter „Verbrecher" und „Versprecher" sehen sehr ähnlich aus. Deshalb sind sie in unserem Gehirn benachbart gespeichert. Und wenn du redest, passiert das Gleiche wie z.B. beim Klavierspielen: Du erwischst manchmal das benachbarte Wort bzw. triffst die benachbarte Taste.
Das innere Lexikon in unserem Gehirn ist aber noch viel raffinierter, denn es speichert jedes Wort gleich 2-mal: einmal bei Wörtern mit einer ähnlichen Form, aber auch bei Begriffen, die inhaltlich mit dem Wort zu tun haben. Es hätte also auch sein können, dass der Radiosprecher versehentlich gesagt hätte: „Der Mörder wurde von der Polizei gefasst." Das könnte auch passieren, wenn der Verbrecher niemanden umgebracht hätte. Denn Verbrecher, Mörder, Einbrecher, ja sogar Kommissar, Detektiv, Fahnder – all diese Wörter haben inhaltlich miteinander zu tun, sind also benachbart gespeichert.

1. Sieh dir die folgenden Sätze an. Welches Wort hätte der Sprecher vermutlich sagen wollen? Ist der Versprecher zu Stande gekommen, weil der Sprecher sich im Regal mit den Wörtern ähnlicher Form vertan hat oder weil er ein inhaltlich benachbartes Wort versehentlich erwischt hat? Ergänze die Tabelle entsprechend.

Satz mit Verspecher	beabsichtigt	Form/Inhalt
„Das Wetter: nasskalt bei einem Euro."	Grad	I (falsche Einheit: Währung statt Temperatur)
„Wir waren Pilze fangen."		
„An einer Kreuzigung im Gazastreifen haben israelische Soldaten mehrere Gebäude gesprengt."		
„Mit vollem Kater treten die Augsburger Panther heute gegen die Iserlohn Roosters an."		
„Ich habe den Text kopiert, weil ich ihn für lebenswert halte."		
„Damit kommst du auf keinen grünen Baum."		
„Bundesweit sank die Zahl auf 4,2 Millionen Arbeitsläuse."		
„Damit habe ich mich über den Beinen gehalten."		

„Versprecher von der Polizei gefasst" – Was passiert bei Versprechern? 2/3

Du versprichst dich aber nicht immer auf die Art und Weise, dass du in deinem inneren Lexikon zu einem benachbarten Wort greifst. Manchmal kann sich das Gehirn nicht recht entscheiden, welche der beiden Möglichkeiten es auswählen soll.
Das ist vor allem dann der Fall, wenn man etwas auf zweierlei Weisen sprachlich ausdrücken könnte:

Ich habe bei dir übernachtet. Oder: Ich habe bei dir geschlafen.

Beide Möglichkeiten sind gut.
Das Gehirn kann sich nicht für eine entscheiden und bildet daraus einen Kompromiss.
Was dabei herauskommt, ist ein Versprecher:

↙ ↘

Ich habe bei dir überschlafen. Oder: Ich habe bei dir genachtet.

2. Die folgenden Versprecher gehören zu diesen so genannten „Verschmelzungen". Versuche, herauszufinden, zwischen welchen beiden Möglichkeiten sich das Sprachplanungssystem des Sprechers nicht entscheiden konnte.
Ein Beispiel ist vorgegeben.

a) **Das ist aber <u>niet</u> von dir.**

↙ ↘

Das ist aber nett von dir. — Das ist aber lieb von dir.

b) Beispiele aus den Haaren saugen.
→ ______________________________
→ ______________________________

c) Dass dich deine Mutter dann bejauert.
→ ______________________________
→ ______________________________

d) Ich kann nicht über meine Haut springen.
→ ______________________________
→ ______________________________

e) Wie saut's aus?
→ ______________________________
→ ______________________________

„Versprecher von der Polizei gefasst" – Was passiert bei Versprechern? 3/3

Zwei Typen von Versprechern habt ihr nun kennen gelernt.
Es gibt noch drei weitere.

Der Nachklang:
Ein sprachliches Element, das bereits gesprochen wurde, klingt nach.

Da kommen Pech und Glüch zusammen.

Der Vorklang:
Ein sprachliches Element, das noch folgt, klingt schon vor.

Kaminkalender (statt Terminkalender)

Die Vertauschung:
Zwei sprachliche Elemente wechseln gegenseitig den Platz.

Masten baskeln (statt Masken basteln)

3. Zeichne bei den folgenden Wörtern auch Pfeile, je nachdem ob es sich um einen Vorklang, einen Nachklang oder um eine Vertauschung handelt. Schreibe darunter das Wort, das richtig gewesen wäre.

a) Bei einer Explosion auf einer Ohrbölinsel …

____

b) Morgen geht es mit einem Wix aus vielen Wolken weiter.

____

c) Noch keine scheiße Spur vom Bankräuber.

____

d) Ich fordere Sie auf, auf das Wohl unseres Chefs aufzustoßen.

____

Nicht gelogen, aber reingefallen? – Euphemismen

1. Lies dir das Hotelangebot durch. Das klingt doch gar nicht schlecht, oder?
Eine Person hat sich das zumindest gedacht und gebucht.
Nach der Rückkehr nach Hause hat sie aber einiges auszusetzen:
In den Sprechblasen erfährst du, was sie ihrem Bekannten über das Hotel erzählt.

> Besuchen Sie unser verkehrsgünstig zentral gelegenes Hotel. Es liegt in einem aufstrebenden Ferienort. Tauchen Sie ein in die internationale Atmosphäre in unserem Haus.
> Auf Sie warten helle und freundliche Zimmer auf der Meerseite. Und in weniger als fünf Minuten sind Sie am Strand.

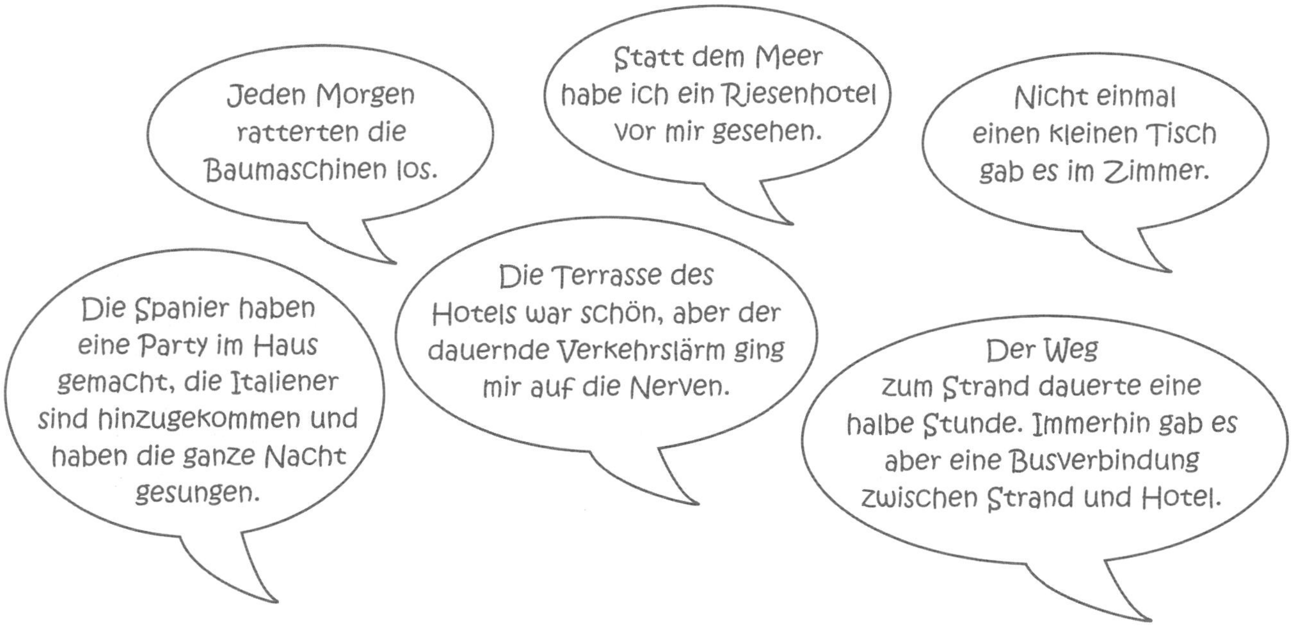

2. Übertrage die Tabelle auf die Rückseite des Blattes. Schreibe die problematischen Formulierungen in die Tabelle, und erkläre kurz, was der Gast beim Lesen des Prospekts nicht beachtet hat.

problematische Formulierung	Erklärung
aufstrebenden Ferienort	könnte heißen: Der Ort will touristisch noch attraktiver werden, deshalb werden noch weitere Gebäude, Straßen etc. gebaut. > viele Baustellen

(Informationen nach: Süddeutsche Zeitung, 6.8.2002)

Richtiges und gutes Deutsch

Fußballdeutsch

Die Stärke des Fußballers liegt in der Regel im Umgang mit dem Ball. Da diese Sportart so beliebt ist, sind Fußballprofis oft gezwungen, sich vor Kamera und Mikrofonen über ihre eigenen Leistungen oder über den Verlauf eines Spiels zu äußern. In der Angespanntheit vor bzw. nach dem Spiel kommt es oft zu fehlerhaften Äußerungen. Ebenso geht es vielen Reportern, deren Beruf der Umgang mit Sprache ist, die in der Hektik des Geschehens aber bisweilen die Kontrolle über die Sprache verlieren.

1. Markiere, was an den folgenden Äußerungen falsch ist bzw. was unglücklich formuliert wurde. Schreibe anschließend den Satz so, wie ihn der Spieler oder Reporter wohl gemeint haben könnte bzw. wie sich der Satz besser anhören würde.

   „Er hat immer noch vertraut auf die alten Spieler. Die sind das Gerippe dieser Mannschaft." (Kommentator Günter Netzer)

   „Ich hatte vom Feeling her ein gutes Gefühl." (Spieler Andreas Möller)

   „Wir müssen gewinnen, alles andere ist primär." (Spieler Hans Krankl)

   „Die Eintracht ist vom Pech begünstigt." (Spieler Karl-Heinz Körbel)

   „Ach, solche Sachen sollte man nicht unnötig hochsterilisieren." (Spieler Bruno Labbadia)

   „Bisher ziehen sich die Bayern toll aus der Atmosphäre." (Reporter Edgar Endress)

   „Bedanken möchten wir uns auch bei den Fans, auf denen wir uns immer verlassen konnten." (Spieler Andreas Brehme)

   „Das muss man verstehen, dass er Schwierigkeiten hat, sich einzugewöhnen. Er ist die deutsche Sprache noch nicht mächtig." (Trainer Jürgen Wegmann über Sprachprobleme eines ausländischen Spielers)

   „Wir haben die Mannschaft ganz karibisch zusammengestellt." (Spieler Fritz Walter jun.)

   „Wir haben gegen Ghana in der Offensive hätten können einige Dinge besser machen." (Trainer Joachim Löw)

   „Wir sind eine gut intrigierte Truppe." (Spieler Lothar Matthäus)

   „Wir wollen unseren Fußballstil, den uns der Bundestrainer vorgibt, zur Perfektion zwingen, äh, zeigen." (Spieler Bastian Schweinsteiger)

   „Das war nicht ganz unrisikovoll." (Spieler Karlheinz Rummenigge)

2. Welchen Fußballprofi würdest du gerne einmal interviewen? Weshalb gerade diesen?

3. Manchmal sind Fußballinterviews etwas langweilig, weil immer wieder Fragen gestellt werden, die man schon so häufig gehört hat. Formuliere daher originelle, aber trotzdem passende Fragen, die du deinem Lieblingsspieler stellen würdest.

4. Formuliere drei Sportschlagzeilen, von denen du träumst.

Das große Sprachduell 1/4

1. Jeder Schüler nimmt einen Zettel und einen Stift zur Hand. Die folgenden Rätselblätter werden auf Folie kopiert, sodass sie auf den OHP gelegt werden können.

2. Die Klasse wird am Mittelgang in zwei Mannschaften aufgeteilt.

3. Nun legt der Lehrer ein Sprachrätsel auf und deckt die Rätsel darunter ab. Die Schüler beider Mannschaften versuchen, das Rätsel zu lösen. Zunächst werden sie es alleine oder mit dem Banknachbarn tun. Kleine Absprachen innerhalb der Mannschaft dürfen getroffen werden. Sobald jedoch ein Schüler seinen Zettel mit dem Lösungsvorschlag in die Höhe reckt, ist die Runde beendet.

3. Der Lehrer nimmt den Zettel mit der Schülerlösung entgegen und gibt die richtige Lösung bekannt. Ist die Antwort auf dem Zettel richtig, erhält die Mannschaft zehn Punkte, ist sie falsch, erhält die andere Mannschaft die Punkte – ohne einen Lösungsvorschlag abgegeben zu haben.

4. Nun folgt die zweite Runde mit einer neuen Rätselkarte. Diesmal geht es um 20 Punkte. In jeder Runde geht es um zehn Punkte mehr, sodass Rückstände relativ schnell aufgeholt werden können. Sieger ist, wer zum Zeitpunkt des Schlussgongs mehr Punkte erzielt hat.

--> **Tipps:**

- Die Reihenfolge der Rätselfragen ist jederzeit veränderbar.
- Bei Streitfällen, z.B. wenn beide Mannschaften die richtige Lösung gleichzeitig abgeben, könnten die jeweiligen Punkte geteilt werden.

Das große Sprachduell 2/4

Rätsel 1 In dem Text fehlen drei Wörter, die alle aus denselben fünf Buchstaben bestehen. Schreibt diese drei Wörter in der richtigen Reihenfolge auf.

Wenn die _______________ nicht bald auf eine andere _______________ umschaltet, bringt mich das ganz schön auf die ____________________ .

Rätsel 2 Fünf Wörter, die untereinanderstehen, haben immer dieselben letzten Buchstaben. Schreibt diese Endbuchstaben auf.

WA ___	HE ___ ___
HEL ___	NE ___ ___
WOH ___	SCHE ___ ___
MA ___	E ___ ___
VIE ___	KU ___ ___

Rätsel 3 Welches der angebotenen vier Wörter vervollständigt die Analogie?

a) Ast verhält sich zu Komma wie Baum zu …
Wurzel, Satz, Punkt oder Blatt

b) Prunk verhält sich zu Pracht wie Duft zu …
Pomp, Aroma, Klang, Gestank

Rätsel 4 Notiert zwölf Wörter, und zwar …

… vier Nomen, die mit B beginnen und mit n enden.
… vier Adjektive, die mit e beginnen und mit g enden.
… vier Verben, die mit l beginnen und mit t enden.

Rätsel 5 Folgende sieben Fachbegriffe aus dem Deutschunterricht sind entweder vorwärts oder rückwärts geschrieben. Dabei ist jeweils ein Buchstabe ausgelassen worden. Notiert die fünf Wörter.

EID _____ MOK
MO _____ OLOG
AMEH _____
L _____ TS
BALL _____ DE
_____ LLITERATION
MIE _____

Rätsel 6 Notiert in jeder Spalte die zwei Buchstaben der Formulierungen, die eine ähnliche Bedeutung haben.

a) unter die Haube kommen
b) in den Ring steigen
c) sich verheiraten
d) seinen Hut nehmen
e) mit einem blauen Auge davonkommen
f) blaues Blut in den Adern haben
g) adliger Abkunft sein
h) sich keinen Zacken aus der Krone brechen

Rätsel 7 Den folgenden Wörtern fehlen die Vokale und Umlaute. Sucht nach den fehlenden Lauten. Bei allen Wörtern handelt es sich um Nomen/Substantive.

LSTNG
FRM
BRF
GRNZ
JB

Rätsel 8 Beantwortet die folgenden Fragen.

a) Welcher der erwähnten Romane hat die meisten Seiten, wenn der „Steppenwolf" dünner als die „Blechtrommel" und die „Die Leiden des jungen Werther" weniger umfangreich als der „Steppenwolf" ist?
b) Welcher der genannten Schriftsteller erreichte das höchste Alter, wenn Kafka jünger als Rilke starb, Benn das Alter Rilkes übertraf und Trakl jünger als Kafka starb?

Rätsel 9 Zu jedem Verb auf der linken Spalte befindet sich auf der rechten Seite ein Verb, das das Gegenteil bedeutet. Gebt jeweils die Nummer und den Buchstaben als Paar an.

1. peinigen	a) befürchten
2. erzeugen	b) nachdunkeln
3. sich fügen	c) schlürfen
4. gesunden	d) verschütten
5. preschen	e) aufbegehren
6. schlemmen	f) erkranken
7. einfüllen	g) darben
8. lösen	h) befestigen
9. bleichen	i) verschonen
10. erhoffen	j) verbrauchen

Das große Sprachduell 4/4

Rätsel 10

Tauscht in einer Zeile immer nur einen Buchstaben aus, und versucht, damit vom Wort links zum Wort rechts zu gelangen. Dabei sollen immer Wörter entstehen, die es gibt. Es müssen keine Nomen sein. Das erste Beispiel ist euch vorgegeben:

LUST	LUFT	LIFT	GIFT
KINO			RAND
RING			DANK
KUND			ZINN

Rätsel 11

Wenn man die Buchstaben der folgenden Namen geschickt umstellt, ergeben sich Berufsbezeichnungen. Schreibt die Berufsbezeichnungen auf. **Beispiel:** Kirsten Meiko -> Kosmetikerin

a) Luisa Jortinn
b) Roger Reimramp
c) Dirk Rote

Rätsel 12

Schreibt die Verwandtschaftsbezeichnungen auf.
Beispiel: der Sohn meines Onkels -> Cousin/Vetter

a) Sohn meiner Schwester
b) die einzige Tochter meiner Oma
c) der Sohn meiner Tochter
d) der Bruder des Bruders meiner Mutter

Rätsel 13

Setzt jeweils ein Wort ein, sodass auf der linken und rechten Seite ein bekanntes zusammengesetztes Hauptwort entsteht. Notiert dieses Brückenwort in der Mitte.

Schaufel	Bagger	Fahrer
Geburtstags		Papier
Wein		Haus
Kopf		Feder
Himmel		Kante

Rätsel 14

Welches Fremdwort passt zu welchem deutschen Wort? Notiere jeweils die Ziffer und den Buchstaben, die zusammengehören.

1) arrangieren	a) verhüllen
2) komplettieren	b) vervielfältigen
3) kaschieren	c) tilgen
4) amortisieren	d) zu Stande bringen
5) kopieren	e) vervollständigen
6) verifizieren	f) beglaubigen

Die gefährlichsten Wörter für Neunt- und Zehntklässler 1/2

Der Verfasser dieses Buches notiert sich seit vielen Jahren Fehler, die Schüler in ihren Aufsätzen machen. Es wurden Fehler gesammelt, die man „Lernwörter" nennen könnte und deren richtige Schreibweise man sich einfach einprägen müsste. Im folgenden Text steht im ersten Satz das Wort, das in der Liste der von Neunt- und Zehntklässlern am häufigsten falsch geschriebenen Wörter an erster Stelle platziert ist. Im zweiten Satz das „zweitgefährlichste" Wort usw.

2. Für die Vertretungsstunde stellen sich zwei Alternativen:

- Wenn es schnell gehen muss und keine Zeit mehr fürs Kopieren ist:
  Der Lehrer diktiert die zwanzig Sätze. Dabei kann er die gefährlichen Wörter jeweils ankündigen. Anschließend werden die korrekten gefährlichen Wörter an der Tafel angeschrieben. Die Schüler können sich gegenseitig korrigieren und am Ende kann eine kleine Auswertung erfolgen.
- Wenn noch etwas mehr Zeit ist, kann das Arbeitsblatt „Die gefährlichsten Wörter" verwendet werden: In diesem Fall diktiert der Lehrer die Sätze auch, die Schüler müssen aber nur die gefährlichen Wörter in das vorbereitete Arbeitsblatt eintragen. Nach einer kurzen Auswertung bleibt Zeit für eine mnemotechnische Übung: Die Schüler sollen sich möglichst originelle Eselsbrücken ausdenken.

Sätze mit gefährlichen Wörtern zum Diktieren:

- Ihr gefällt **vor allem** seine Haut.
- Des **Weiteren** schwärmt sie für seine Augen.
- Auf diese **weist** sie ihre Freundin immer hin.
- Ob er es überhaupt **weiß**?
- Hat er überhaupt echte **Freundinnen** oder nur **Kameradinnen**?
- Sein **Lebensstandard** wirkt eigentlich nicht übertrieben.
- Wenn sie ihn doch mindestens noch **einmal** sähe.
- Am liebsten würde sie ihm einmal **abends** (**morgens** etc.) begegnen.
- Nur das rechte **Ereignis** oder **Geschehnis** hat bisher noch gefehlt.
- Ihn einfach ansprechen? Da müsste sie **rhetorisch** gewandter sein.
- Sie nimmt sich als **Erstes** vor, eine günstige Gelegenheit abzuwarten.
- Sie muss herausfinden, ob er sich für sie irgendwie **interessiert**?
- Ihre Angst, zu viel zu wagen, ist **riesig**.
- Doch **wahrscheinlich** hätte sie Chancen.
- Wenn sie nur **Bescheid** wüsste, wie sie ihn am besten anspricht.
- Mit welcher **Metapher** sie ihre Empfindung wohl umschreiben könnte?
- Das sollte sie sich **zu Hause** noch einmal in Ruhe überlegen.
- Welches Bild spiegelt ihr Gefühl am besten **wider**?
- Dieses **eine Mal** wird sie ihren ganzen Mut brauchen.
- Sie versucht, ihre **gesamte** Konzentration darauf zu bündeln.

Die gefährlichsten Wörter für Neunt- und Zehntklässler 2/2

1. Dein Lehrer diktiert dir nun zwanzig vollständige Sätze.
Ergänze immer das fehlende Wort.

a) Ihr gefällt ____________________ seine Haut.

b) ____________________ schwärmt sie für seine Augen.

c) Auf diese ____________________ sie ihre Freundin immer hin.

d) Ob er es überhaupt ____________________?

e) Hat er überhaupt echte ____________________ oder nur ____________________?

f) Sein Lebens____________________ wirkt eigentlich nicht übertrieben.

g) Wenn sie ihn doch mindestens ____________________ sähe.

h) Am liebsten würde sie ihm einmal ____________________ begegnen.

i) Nur das rechte ____________________ oder ____________________ hat bisher noch gefehlt.

j) Ihn einfach ansprechen? Da müsste sie ____________________ gewandter sein.

k) Sie nimmt sich als ____________________ vor, eine günstige Gelegenheit abzuwarten.

l) Sie muss herausfinden, ob er sich für sie irgendwie ____________________?

m) Ihre Angst, zu viel zu wagen, ist ____________________.

n) Doch ____________________ hätte sie Chancen.

o) Wenn sie nur ____________________ wüsste, wie sie ihn am besten anspricht.

p) Mit welcher ____________________ sie ihre Empfindung wohl umschreiben könnte?

r) Das sollte sie sich ____________________ noch einmal in Ruhe überlegen.

s) Welches Bild ____________________ ihr Gefühl am besten wider?

t) Dieses ____________________ wird sie ihren ganzen Mut brauchen.

u) Sie versucht, ihre ____________________ Konzentration darauf zu bündeln.

2. Nun informiert dich der Lehrer über die richtige Schreibweise.
Tausche zur Korrektur das Blatt mit deinem Banknachbarn.

3. Versuche nun, für Wörter, die deines Erachtens Probleme bereiten können, eine Eselsbrücke zu formulieren. Je origineller sie ist, desto größer ist die Wahrscheinlichkeit, dass du das Wort künftig nicht mehr falsch schreibst.
Beispiel: Wenn du Zweifel hattest, ob man „interessieren" mit einem r und zwei s schreibt, könntest du dir merken: „Im Intercity kann man im Speisewagen essen." Denn du weißt doch, dass man den Intercity genau wie Internet mit nur einem r schreibt und das Wort essen mit Doppel-s.

Fremdwörter richtig verwenden

1. In den folgenden Sätzen wurde jeweils ein Fremdwort falsch gewählt. Streiche dieses durch, und gib anschließend das richtige Fremdwort (rF) an, das immer ähnlich klingt.

2. Versuche anschließend, auf der Rückseite einen Satz zu schreiben, in dem das falsche Fremdwort des ersten Satzes in der richtigen Bedeutung vorkommt.

Ein Beispiel ist vorgegeben.

a) Nach dem Visum des Arztes durften sie das Zimmer betreten.

rF: der Visite
Für manche Länder braucht man ein Visum, damit man einreisen darf.

b) Die Definition ins ewige Eis gelang trotz großer Schwierigkeiten.

rF: ______________________

c) Mit einer festlichen Harmonie wurde der Weltfußballer des Jahres in Zürich geehrt.

rF: ______________________

d) Wegen der guten Zahlen blickt der Bürgermeister optisch in die Zukunft.

rF: ______________________

e) Lange wurde darüber diskutiert, wer „Wetten dass?" künftig modellieren wird.

rF: ______________________

f) Nach dem Unfall verschanzte sich der Fahrer in seinem demonstrierten Führerhaus.

rF: ______________________

g) Die Teilnehmer lobten die konservierte Arbeitsatmosphäre.

rF: ______________________

h) Dieses Medikament bekommt man nur auf Konzept.

rF: ______________________

i) Im neuen Einkaufszentrum gab es ein reichhaltiges Kompliment an Herrenkleidung.

rF: ______________________

j) Er schleuderte den Radius auf eine neue Rekordmarke und gewann Gold.

rF: ______________________

3. Falls du noch Zeit hast: Formuliere die Sätze 1–10 auf der Rückseite noch einmal, indem du die Fremdwörter durch deutsche Begriffe ersetzt. Die Bedeutung soll sich dabei nicht wesentlich verändern. Manchmal musst du den Satzbau leicht umstellen.

4. Schreibe drei neue Sätze nach dem Schema oben, in denen ein dir bekanntes Fremdwort durch ein ähnlich klingendes, aber falsches Fremdwort ersetzt wird. Gib anschließend das Blatt mit den drei neuen Sätzen einem anderen Schüler, der auch schon fertig ist, sodass er deine Sätze verbessern kann.

„Hund, Katze, Maus" – Sprichwörter und Redewendungen zeichnen 1/3

1. Die Klasse wird in vier Gruppen aufgeteilt (bei kleinen Klassen auch drei Gruppen – wenn die Gruppen zu groß sind, wird das Spiel zu laut!). Damit der Überblick gewahrt bleiben kann, sollten die Gruppen lokal nach den räumlichen Begebenheiten benannt werden, also z.B.

   Gruppe I: Fensterreihe — **Gruppe II:** linke Mittelreihe

   Gruppe III: rechte Mittelreihe — **Gruppe IV:** Türreihe

2. Das Ziel der Gruppe wird es sein, die von ihren Mitgliedern gezeichneten bildlichen Redewendungen und sprichwörtlichen Redensarten zu benennen. Daher sollte vorab kurz wiederholt bzw. geklärt werden, was Redewendungen (Beispiel: „das Kind mit dem Bade ausschütten") und Sprichwörter (Beispiel: „Der Krug geht zum Brunnen, bis er bricht.") sind. Die Schüler einer Gruppe werden aufgefordert, sich den Platz an der Tafel einzuteilen, damit keine Zeit mit dem Abwischen verloren geht. Außerdem muss das Erraten in einer Lautstärke erfolgen, die auch für die Nachbarklasse noch erträglich ist.

--> **Tipp:** Es kann sogar Punktabzüge geben, wenn zu laut geschrien wird.

3. Das Startsignal ertönt, die Stopp- bzw. Sanduhr (diese bedient ein Schüler der nächsten Gruppe, also z.B. der linken Mittelreihe) läuft, und ein Schüler der ersten Gruppe erhält vom Lehrer eine Karteikarte mit einer Redewendung (bzw. einem Sprichwort) und versucht, sie an die Tafel zu zeichnen. Die Gruppe sollte selbst entscheiden, wer jeweils zeichnet.

4. Die Schüler der Gruppe versuchen, die Redewendung/das Sprichwort zu erraten. Der Lehrer kann als Moderator je nach Lerngruppe sanft helfen (z.B. „Ja, ihr habt recht, Kind kommt vor." oder zum Zeichner: „Mach mal deutlich, wie alt die Person ist, die du da zeichnest").

5. Sobald der Begriff erraten ist, kommt der nächste Schüler dran. Dieser erhält vom Lehrer eine neue Karte. Er zeichnet, und die restliche Gruppe rät weiter.

6. Wenn die Zeit für die erste Guppe abgelaufen ist, werden die erratenen Begriffe gesammelt, und die Gruppe hat entsprechend viele Punkte gewonnen. Diese werden an der Tafel mitnotiert.
   Variante, die die Konzentration der anderen Gruppen verstärkt:
   Die Gruppen, die noch nicht dran waren, werden nun aufgefordert, jeweils eine der soeben gezeichneten Redewendungen bzw. eines der Sprichwörter zu wiederholen und deren Bedeutung kurz zu erklären. Gelingt ihnen dies – nach Ermessen des Lehrers! – so kann jede dieser Gruppe noch einen Bonuspunkt gewinnen.
   Die erste Gruppe wischt in der Zwischenzeit die Tafel.

7. Nun kommt die nächste Gruppe mit dem Zeichnen und Raten dran usw.
   Variante, wenn die Stunde noch nicht zu Ende ist:
   Die Gruppen können durch die Kenntnis weiterer Sprichwörter und Redewendungen zusätzliche Punkte hinzugewinnen.

8. Gewonnen hat am Schluss die Gruppe mit den meisten Punkten.

„Hund, Katze, Maus" – Sprichwörter und Redewendungen zeichnen 2/3

Es ist noch kein Meister vom Himmel gefallen.	die Haare stehen zu Berge	die Zeit totschlagen
Wer anderen eine Grube gräbt, fällt selbst hinein.	eine Gänsehaut bekommen	alle Fäden in der Hand halten
Hunde, die bellen, beißen nicht.	Kopf und Kragen riskieren	das Kriegsbeil ausgraben
das Fass zum Überlaufen bringen	Einem geschenkten Gaul schaut man nicht ins Maul.	Tomaten auf den Augen haben
gegen eine Wand reden	sich wie ein Elefant im Porzellanladen benehmen	Auch ein blindes Huhn findet mal ein Korn.
Unter den Blinden ist der Einäugige König.	aus dem Rahmen fallen	unter die Räder kommen
Wo Rauch ist, da ist auch Feuer.	sich etwas hinter die Löffel schreiben	eine Hand wäscht die andere
Zeit ist Geld.	Stille Wasser sind/gründen tief.	zwischen den Zeilen stehen/lesen
Scherben bringen Glück.	Morgenstund' hat Gold im Mund.	Reden ist Silber, Schweigen ist Gold.

„Hund, Katze, Maus" – Sprichwörter und Redewendungen zeichnen 3/3

ein Brett vor dem Kopf haben	Lachen ist die beste Medizin.	unter den Hammer kommen
Besser den Spatz in der Hand als die Taube auf dem Dach.	das fünfte Rad am Wagen sein	etwas auf die leichte Schulter nehmen
Der Krug geht zum Brunnen, bis er bricht.	das Handtuch werfen	Spinne am Morgen bringt Kummer und Sorgen.
jemanden zur Schnecke machen	jemandem Sand in die Augen streuen	sich ins Fäustchen lachen
dem Affen Zucker geben	einen Frosch im Hals haben	die Katze im Sack kaufen
jemandem fällt ein Stein vom Herzen	den Kopf in den Sand stecken	jemanden an der Nase herumführen
bis über beide Ohren verliebt sein	sein Herz auf der Zunge tragen	den Karren aus dem Dreck ziehen
auf dem hohen Ross sitzen	im Geld schwimmen	in der Kreide stehen
auf glühenden Kohlen sitzen	Neue Besen kehren gut.	den Teufel an die Wand malen

Jemandem, der fremd ist, einen Weg mit Worten exakt zu beschreiben, ist eine Alltagserfahrung, die uns verdeutlicht, wie schwer es manchmal sein kann, einfachste Dinge mit Worten zu skizzieren. Ums Skizzieren nach Worten geht es wortwörtlich in dieser Übung, die die Fähigkeit schulen soll, sich genau und differenziert auszudrücken. Für die Zuhörer besteht die Aufgabe zusätzlich darin, den Vortrag des Mitschülers genau zu verfolgen und aufzunehmen. Wie gut beiden Seiten diese Aufgabe gelingt, verdeutlichen die Zeichnungen, die entstehen. Daneben ist die Übung ein gutes Konzentrationstraining. Schließlich können und werden aber auch vergnügliche Situationen dadurch entstehen, dass manche Zeichnungen am Ende ziemlich weit vom Original abweichen.

1. Der Lehrer bestimmt einen Schüler, der „mit Worten zeichnen wird" (beschreibender Schüler). Alle anderen sollen sich Papier und Bleistift zurechtlegen. Der beschreibende Schüler sitzt am Lehrerpult oder zentral vor der Klasse und erhält eine einfache Strichzeichnung. Wichtig ist, dass die anderen Schüler diese Zeichnung unter gar keinen Umständen sehen.

2. Der Lehrer fordert den Schüler nun auf: *Beschreibe deine Zeichnung den anderen möglichst genau. Benutze dabei nur deine Worte. Zeige mit deinen Händen nichts an. – An die zeichnenden Schüler gerichtet, sagt er: Versucht, das Bild exakt so zu zeichnen, wie euer Mitschüler es euch beschreibt. Damit eure Zeichnung am Ende so aussieht wie das Original, müssen zwei Voraussetzungen gegeben sein: Eurer Mitschüler muss die richtigen Worte finden, und ihr müsst genau zuhören.*

3. Haben die Schüler das Bild beendet, werden das Original und die Ergebnisse verglichen (z.B. an der Tafel aufgehängt, sodass jeder sie sehen kann). Ggf. wird überlegt, was beim nächsten Mal besser gemacht werden kann.

--> Tipps:

- Für die Materialsammlung des Lehrers können zeichenfreudige Schüler am Ende zusätzliche, kleine Zeichnungen anfertigen. Wichtig ist, dass die Zeichnungen möglichst einfach sind.
- Abstraktere Inhalte eignen sich oft besser als allzu konkrete Darstellungen.
- Wenn noch genügend Zeit vorhanden ist, kann der folgende sprachliche und fächerübergreifende Ausflug in die Kunst unternommen werden: Wenn an der Schule eine Sammlung von Kunstpostkarten vorhanden ist, kann der Lehrer diese mit Nummern im Klassenzimmer aufhängen (z.B. mit Magnetleisten). Die Schüler gehen herum wie im Museum und betrachten die Kunstpostkarten. Während des Umhergehens entscheiden sie sich für ein Lieblingsbild, das sie sich genau einprägen. Anschließend beschreiben die Schüler mit einigen Sätzen das Bild. Dabei sollen die Beschreibungen richtig sein, aber nicht zu offensichtlich, also lieber ein verborgenes Element zuerst beschreiben. Wer errät als Erstes das beschriebene Bild? Plus- und Minuspunkte (für zu schnelles falsches Raten) können verteilt werden.

Zeichnen nach Worten 2/2

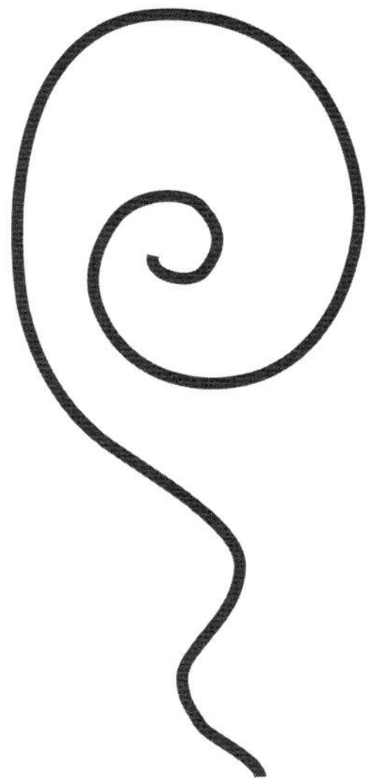

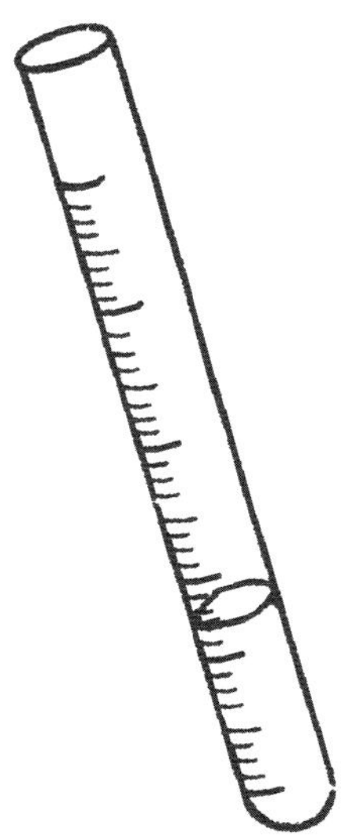

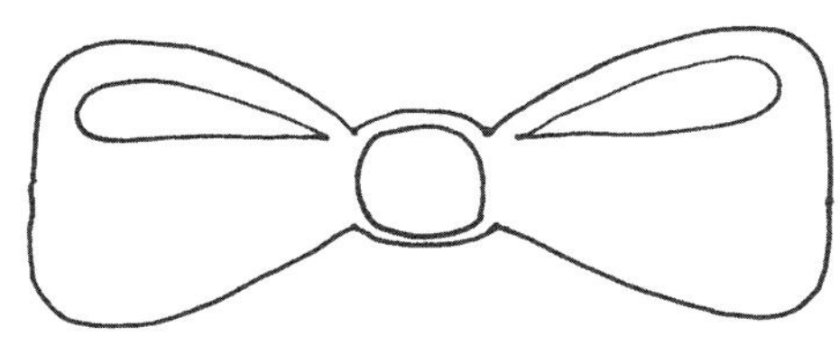

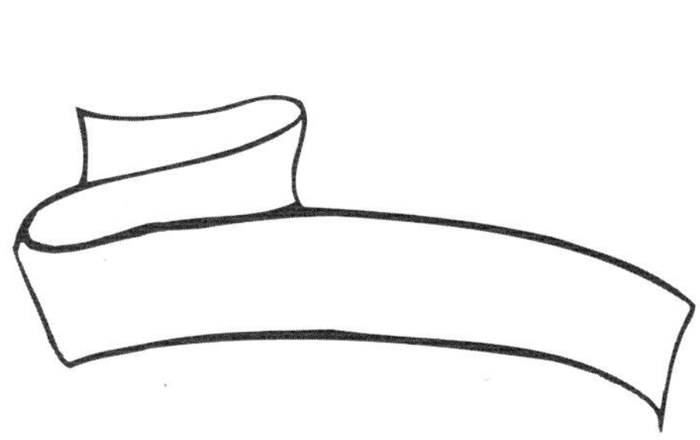

Teekesselchen, Homonyme und Homophone 1/2

„Teekesselchen" ist ein Rätsel, bei dem Wörter gesucht sind, die unterschiedliche Bedeutungen haben. Solche Wörter nennt man übrigens Homonyme. Homonyme sind Wörter, die gleich aussehen, aber unterschiedliche Bedeutungen besitzen.

1. Versuche herauszufinden, welches Wort diese unterschiedlichen Bedeutungen haben kann. Das erste Beispiel ist vorgegeben.

a) **Mein Teekesselchen muss eine gewisse Zeit im Backofen verbringen.**
Bei meinem Teekesselchen kommen viele Menschen zusammen. } Auflauf

b) Mein Teekesselchen ist ein Zuspiel im Sport.
Mein Teekesselchen ist ein Weg über einen Gebirgszug.

c) Mein Teekesselchen erhält man, wenn Liebe nicht erwidert wird.
Mein Teekesselchen unterstützt den Transfer von Gegenständen.

d) In meinem Teekesselchen schließen sich Menschen zusammen.
Mein Teekesselchen schützt die Wunde.

e) Mein Teekesselchen ist ein gekrümmter Teil des Auges.
Mein Teekesselchen ist eine Hülsenfrucht.

f) Mein Teekesselchen ist eisig gefroren.
Mein Teekesselchen schmückt den Arm.

g) Mein Teekesselchen erhält man für Verdienste verliehen.
Mein Teekesselchen ist eine klösterliche Gemeinschaft.

h) Mein Teekesselchen enthält stets ein Subjekt und ein Objekt.
Mein Teekesselchen ist ein ordentlicher Sprung.

i) Mein Teekesselchen ist eine Falschmeldung.
Mein Teekesselchen ist der Spitzname eines Fahrzeugs.

j) Mein Teekesselchen ist ein Gericht.
Mein Teekesselchen ist eine Großstadt im Ruhrgebiet.

Teekesselchen, Homonyme und Homophone 2/2

2. Wenn du alle Teekesselchen erraten hast, dann kennst du vermutlich auch noch weitere, also Wörter, die zwei ganz unterschiedliche Bedeutungen haben. Wenn du drei solcher Homonyme gefunden hast, so formuliere zu jedem auf der Rückseite dieses Blattes zwei Teekesselchensätze („Mein Teekesselchen …/ mein Teekesselchen …").
   Die Lösungswörter sollst du aber nicht eintragen.
   Lege anschließend den Stift zur Seite, lehne dich entspannt zurück, und beobachte, wer in der Klasse auch schon diese Haltung einnimmt. Mit diesem kannst du dann das Blatt tauschen, und ihr habt beide noch einmal drei neue Teekesselchen, die es zu erraten gilt.

3. Ein besonderes Teekesselchen ist das Wort „modern".
   Findest du heraus, weshalb?

4. Die folgenden Wörter sind Homophone. Homophone klingen gleich, aber ihre Schreibweise unterscheidet sich. Daher sind sie eine Fehlerfalle in der Rechtschreibung.

   Bilde stets einen Satz in dem beide Homophone vorkommen:
   Küste-küsste, Lid-Lied, waren-Waren, wahr-war, Fön-Föhn, Saite-Seite, isst-ist, Rad-Rat, Mohr-Moor, ruhte-Rute, Stadt-statt, Boot-bot, Miene-Mine, Lid-Lied.

   Beispiel: Als sie an der Meeresküste standen, küsste er sie.

Vorlesen und freies Sprechen

1. Der Lehrer beauftragt einen Schüler, einen Playoff-Baum an die Tafel zu zeichnen (gemäß Vorlage Playoff-Baum, s. S. 55). Anschließend schreibt der Lehrer die Vornamen der Schüler in zufälliger Anordnung auf die 32 kleinen Linien links. Wenn weniger als 32 Schüler mitspielen, werden gleichmäßig verteilt einige Linien freigelassen. Wenn mehr als 32 Schüler in der Klasse sind, kann eine Vorausscheidung durchgeführt werden, sodass am Ende nicht mehr als 32 Teilnehmer dabei sind.
2. Der Lehrer legt einen Folienschnipsel mit einem Zungenbrecher auf.
3. Die beiden Schüler, die untereinanderstehen und deren Linie verbunden ist, spielen nun gegeneinander.
4. Der erste versucht, den Zungenbrecher fehlerfrei vorzulesen, der Lehrer stoppt mit. Anschließend ist der zweite dran. Gewonnen hat, wer den Zungenbrecher fehlerfrei vorgelesen hat.
   Wenn beide ohne Fehler bleiben, hat derjenige gewonnen, der den Satz schneller fehlerfrei gesprochen hat. Wenn sich beide verlesen, werden die Versuche wiederholt, bis es einen Sieger gibt.
5. Der Sieger des Duells wird nun auf die Linie rechts geschrieben. Dort bildet sich nach und nach das Tableau für das Achtelfinale. Wenn die Anzahl der Schüler ungerade ist bzw. wenn weniger als 32 Schüler teilnehmen, ergibt sich die Situation, dass manche Schüler eine Runde weiterkommen, ohne sich „duellieren" zu müssen.
6. Es finden zunächst alle Duelle ganz links statt, anschließend geht es mit dem Achtelfinale weiter. Der Sieger wird stets auf die rechte Linie des Duells geschrieben. Zum Schluss bleiben zwei Schüler, die das Finale bestreiten.

--> Tipps:

- Erfahrungsgemäß fiebern auch ausgeschiedene Schüler weiter mit, weil durch den k.o.-Modus die Spannung erhalten bleibt.
  Es empfiehlt sich aber, dass ab dem Achtelfinale die ausgeschiedenen Schüler und die, die noch nicht dran waren, den neuen Zungenbrecher immer vor dem eigentlichen Duell chorisch gesprochen ausprobieren. Für die eigentlichen „Gegner" ist das eine kleine Aufwärmübung, die restlichen Schüler werden so eher „am Ball bleiben" und machen außerdem Sprechübungen.
- Zur zeitlichen Kalkulation: Wenn 32 Schüler mitspielen, gibt es 31 Duelle, bis der Sieger feststeht.
- Natürlich können auch Zungenbrecher in die Sammlung aufgenommen werden, die den Schülern bekannt sind bzw. die sie sich ausdenken.

Ein Vorlese-Wettbewerb 2/4 – Folie

Playoff-Baum

1. Runde | Achtelfinale | Viertelfinale | Halbfinale | Finale | **Sieger**

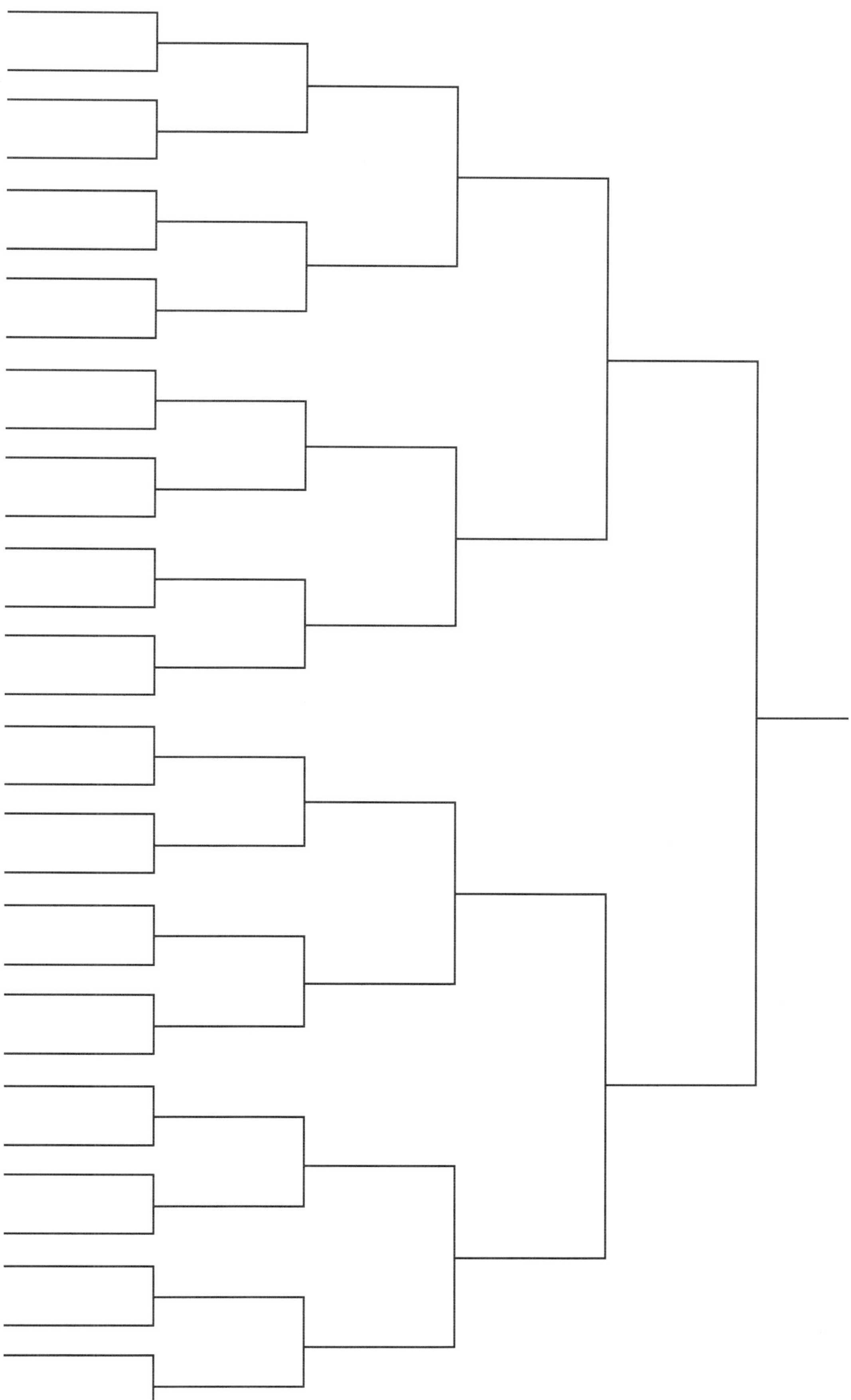

Bürsten mit schwarzen Borsten bürsten besser
als Bürsten mit braunen Borsten.

Kleine Kinder können keine kleinen Kirschkerne knacken.

Die Katze tritt die Treppe krumm, der Kater tritt sie grade.

Esel fressen Nesseln nicht, Nesseln fressen Esel nicht.

Blaukraut bleibt Blaukraut und Brautkleid bleibt Brautkleid.

Es klapperten die Klapperschlangen,
bis ihre Klappern schlapper klangen.

Nachbars Hund heißt Kunterbunt.
Kunterbunt heißt Nachbars Hund.

Hinter Hansens Hirtenhaus hab ich hundert Hasen
husten hören.

Griesbrei bleibt Griesbrei und Kriegsbeil bleibt Kriegsbeil.

Die Katze zerkratzt mit ihrer Tatze die Matratze;
die Matratze zerkratzt die Katze mit ihrer Tatze.

Zwischen zwei Zwetschgenbäumen zwitschern
zwei Schwalben.

Max wachst Wachsmasken. Was wachst Max?
Wachsmasken wachst Max.

Schnellsprechsprüche spreche ich schwer schnell.

Schneiders Schere schneidet scharf,
scharf schneidet Schneiders Schere.

Der Flugplatzspatz nahm auf dem Flugplatz Platz.
Auf dem Flugplatz nahm der Flugplatzspatz Platz.

Ein allergischer Algerier ist kein algerischer Allergiker.

Hinter dichtem Fichtendickicht picken dicke Finken tüchtig.

Der Potsdamer Postkutscher putzt den Potsdamer Postkutschkasten.

Mischwasserfischer heißen Mischwasserfischer, weil Mischwasserfischer im Mischwasser Mischwasserfische fischen.

Sechs sächsische Säufer zahlen zehn tschechische Zechen.

Drei tropfnasse traurige Trogträger trugen triefende Tröge treppauf und treppab.

Zwanzig Zwerge zeigen Handstand, zehn im Wandschrank, zehn am Sandstrand.

Zehn Ziegen zogen zehn Zentner Zucker zum Zoo.

Schuster schnall schnell die Schnallen an die schönen Schuh'!

Neunundneunzig Schneeschaufler schaufeln Schnee.

Schnecken erschrecken, wenn Schnecken an Schnecken schlecken, weil, zum Schrecken vieler Schnecken, Schnecken nicht schmecken.

Müller, mahl mir mein Maß Mundmehl, morgen muss mir meine Mutter mehliges Milchmus machen.

Ein krummer Krebs kroch über eine krumme Schraube.
Über eine krumme Schraube kroch ein krummer Krebs.

Fischers frisch frisierter Fritze frisst frisch frittierte Frisch-Fisch-Frikadellen.

Dann dankte die dicke Dame dem dicken Dachdecker, dass der dicke Dachdecker die dicke Dame durch den dicken Dreck trug.

Bäcker Braun backt braune Brezeln.
Braune Brezeln backt Bäcker Braun.

Der Kaplan klebt klappbare Pappplakate an.

1. Als Einstieg kann der Lehrer den Text „Sprachwunderwerk Gehirn" (Folienvorlage, s. S. 59) auf dem OHP auflegen und die Schüler auffordern, den Text durchzulesen.

2. Die Schüler werden zunächst überrascht sein, dann aber feststellen, dass sie den so chaotisch wirkenden Text einigermaßen lesen können.

3. Zum Abschluss kann der Text von einzelnen Schülern oder von allen gemeinsam laut vorgelesen werden.

Text ohne Buchstabendreher:

Obwohl hier die Buchstaben der Wörter durchgeschüttelt wurden, können wir den Text noch lesen. Das liegt daran, dass die ersten und letzten Buchstaben eines Wortes an der richtigen Stelle stehen. Wir lesen nämlich die Buchstaben nicht einzeln nacheinander, sondern versuchen, ganze Wörter oder Teile von Wörtern zu verstehen. Probleme bekommen wir aber beim Lesen, wenn unser Gehirn falsche Teile in Wörtern erkennt. Einige der folgenden Sätze werden dir das zeigen.

4. Die folgenden Sätze sind alle sinnvoll. Auf den ersten Blick erkennt der Leser aber häufig Wortbestandteile, die ihn dazu verleiten, das Wort falsch zu betonen, wodurch der Sinn des Satzes sich verändert oder der Satz sinnwidrig wird. Der Lehrer bestimmt immer einen Schüler, der als Nächstes einen dieser Sätze zügig vorliest, sobald er diesen aufdeckt. Die danach folgenden Sätze sollten also noch nicht zu sehen sein.

--> Tipp: Es sollte Wert darauf gelegt werden, dass der Satz, sofort nachdem er sichtbar wird, ohne Bedenkzeit vorgelesen wird.

Erläuterung der Stolperfallen:

1. Betübung [Beten ausüben, Übung im Gebet], 2. beigefarben. [Farbe beige], 3. Talentförderung [Förderung von Talenten], Talentwässerung [Entwässerung des Tales], 4. Staubecken [Ecken, in denen Staub liegt], 5. Wonnetagen [Tage der Wonne, heiße Tage], Verandabrüstung. [Brüstung einer Veranda], 6. Bilderfolge [Erfolge mit Bildern], Textilingenieur [Beruf, der sich mit der technischen Seite von Kleidung beschäftigt], Textillustrationen [Bilder zu Texten] zur Saisonalbumserie [Albumserie der Saison], 7. Häschen [kleiner Hase], Häscher [Fänger], 8. Heimatmosphäre [Atmosphäre eines Heimes]

5. Nachdem der jeweilige Schüler den Text vorgelesen hat, wird kurz geklärt, ob alles richtig betont wurde bzw. was man anders betonen könnte, sodass der Satz einen Sinn bekommt. Es kann auch kurz miteinander angedacht werden, warum fast jeder den Satz spontan falsch liest. Zudem sollte der Lehrer deutlich machen, dass bei so gebauten Texten fast jeder Fehler macht, auch wenn er ansonsten ein sehr guter Leser ist.

--> Tipp: Wichtig ist, dass bei diesen Leseübungen keine Atmosphäre entsteht, in der man einander bei Fehlern auslacht, sondern dass man eher miteinander schmunzelt, wenn man in eine Lesefalle tappt.

Sprachwunderwerk Gehirn

Owhbol heir die Bectsabuhn der Wreötr drhegucsühtectlt werudn, keönnn wir den Txet ncoh leesn. Das lgiet daarn, dsas die esretn und leezttn Bahustcben eenis Weotrs an der rigechtin Sltele shteen. Wir lseen nläimch die Butbeachsn nchit eznieln neianandcher, srndoen vehecrsun, gzane Wöterr oedr Tiele von Wrötren zu vsteheern. Pemblroe boemekmn wir aebr biem Lseen, wnen usner Gihren fschale Tleie in Wrterön enrkent. Eignie der fegenoldn Szäte wedern dir das zegien.

Vorlesesätze

1. Ein Kardinal übersteht die Operation ohne Betäubung nach kurzer Betübung.

2. Man hat mir beigepflichtet, das Fahnentuch sei beigefarben.

3. Der Talentförderung unter Architekten diente der Wettbewerb zur Talentwässerung durch Stauseen.

4. Staubecken lassen sich am besten säubern, wenn man ein Staubtuch verwendet.

5. Schönste Wohnetagen mied man in diesen Wonnetagen und in der Versandabteilung beugte man sich über die Verandabrüstung.

6. Große Bilderfolge hatte der Textilingenieur mit seinen Textillustrationen zur Saisonalbumserie.

7. Kein Häschen ließ der Häscher entkommen.

8. Eine Heimat ohne Heimatmosphäre war für die Waise ideal.

Welche Stimmung ist das? 1/3

1. An die Tafel zeichnet der Lehrer (evtl. auch ein Schüler) das Spielfeld (s. S. 61). Dafür soll die ganze Tafelfläche verwendet werden.
2. Der Lehrer trägt in die zehn Felder zehn Stimmungen aus der Sammlung ein. Die Stimmungen müssen so eingetragen werden, dass sie gut lesbar sind, aber auch in den Feldern noch Platz ist für die Namenskürzel der Schüler.
3. Ein Schüler (z.B. derjenige, dessen Vorname an letzter Stelle kommt) wird als erster Vorleser bestimmt. Dieser bekommt nun eine Stimmung zugelost (z.B. mit dem 10-Seiten-Würfel, den Hundertstel-Sekunden eines Handys oder durch ein anderes Zufallsverfahren). Die anderen Schüler dürfen natürlich nicht erfahren, in welcher Stimmung er den Satz vorlesen muss (z.B. „provozierend").
4. Nun erhält der Vorleser vom Lehrer einen Satz (s. S. 62), den er in der ausgelosten Stimmung vorlesen soll. Dabei darf nur mit der Stimme gearbeitet werden. Gesten sollten eher vermieden werden, wobei sich diese manchmal nicht ganz vermeiden lassen.
5. Der Lehrer fordert die Schüler auf: *Welche der zehn Stimmungen hat unser Vorleser gerade versucht, auszudrücken? Schreibt die Initialen (evtl. erklären) eures Vor- und Familiennamens möglichst schnell und spontan in das Stimmungsfeld.*

--> Tipp: Vermutlich entsteht etwas Hektik und Bewegung, wenn die Schüler nach vorne laufen – was aber nicht nur jüngeren Schülern in einer Vertretungsstunde oft sehr gut tut. Lassen Sie sie daher einfach gewähren.

6. Nun kommt es zur Punktvergabe. Jeder muss seine Punkte ehrlich mitschreiben. Der Banknachbar notiert die Punkte zur Kontrolle mit.
7. Jeder, der die Stimmung richtig erraten hat, bekommt einen Punkt. Jeder, der die Stimmung nicht erraten hat, bekommt einen Minuspunkt.
8. Der Vorleser erhält einen Pluspunkt, wenn die Mehrheit der Mitschüler auf das richtige Stimmungsfeld gesetzt, und einen Minuspunkt, wenn niemand sich in das beabsichtigte Stimmungsfeld eingeschrieben hat. Wenn nur einige auf sein Feld gesetzt haben, erhält er weder einen Plus- noch einen Minuspunkt.
9. Nun notiert jeder seinen Punktestand und den seines Banknachbarn. Der Lehrer löscht alle Stimmungen, auf die Schüler gesetzt haben, von der Tafel. Wurde beispielsweise auf die Stimmungen „frech", „arrogant", provozierend", „eifersüchtig" gesetzt, so werden diese weggelöscht und durch vier neue Stimmungen ersetzt. Die sechs Stimmungen, auf die nicht gesetzt wurde, bleiben an der Tafel stehen.
10. Nun kommt der nächste Schüler nach vorne, würfelt, liest vor usw.
11. Kurz vor dem Stundenende wird eine Punktebilanz erstellt.

--> Tipp: Vielleicht erhalten die Schüler mit den bis dahin meisten Punkten eine Süßigkeit. Auch das kann eine Motivation sein!

Spielfeld, Vorlage für Tafelbild

1		2	
3		4	
5		6	
7		8	
9		10	

Stimmungen

Hier ist eine Auswahl von Stimmungen, die der Lehrer im Spiel einsetzen kann. Mancher Begriff bedarf eventuell einer Erläuterung, wodurch der Wortschatz der Schüler verfeinert wird.
Motivierend ist es zusätzlich, wenn auch Schüler Stimmungen benennen und vorschlagen dürfen.

froh
traurig
gelangweilt
betrunken
eifersüchtig
provozierend
frech
arrogant
aufgeregt
ironisch
verschlagen
cool
benommen
erleichtert
gespenstisch
deprimiert
geheimnisvoll
mädchenhaft
ängstlich
vorsichtig
beleidigt

sarkastisch
verblüfft
bedrohlich
resolut
misstrauisch
unterwürfig
würdevoll
männlich
begeistert
hinterhältig
empört
ungehalten
entschuldigend
albern
romantisch
rechthaberisch
optimistisch
fröhlich
triumphierend
herrisch
müde

anrüchig
gestresst
genervt
ahnungslos
schüchtern
beschämt
wütend
griesgrämig
gleichgültig
witzig
verlegen
verwirrt
panisch
sachlich
lasch
ungeduldig
vergesslich
verliebt
herzlich
locker
flirtend

Welche Stimmung ist das? 3/3

Die folgenden Sätze sind Vorschläge. Man kann natürlich mit den Schülern auch andere Sätze sammeln, die sie interessant finden, die momentan gerade „Kultstatus" besitzen, denen sie im Alltag oft begegnen. Schneller zum Spielen kommt man natürlich, wenn man fertige Sätze verwendet. Daher hier eine Auswahl:

„Hier riecht's wirklich sehr sonderbar."

„Das möchte ich gar nicht wissen."

„Du kannst die Leute nicht so anstarren."

„Ich hasse es, meine eigene Stimme zu hören."

„Wir müssen dann langsam mal nach Hause gehen."

„Ich fühle mich dir so nahe."

„Wenn du deinen Teller nicht leer isst, gibt's schlechtes Wetter."

„Morgen soll es ja regnen."

„Diesmal schenken wir uns aber nichts."

„Eigentlich wollte ich heute Abend noch zum Sport."

„Gerade habe ich an dich gedacht."

„Hier klaut doch keiner was."

„Das ist doch so was von out."

„Es geht doch nichts über Schokoladeneis."

„Der hat mehr Angst vor dir als du vor ihm."

„Fass das nicht an. Das ist dreckig."

„Ich hab dir gestern doch eine E-Mail geschrieben."

„Du, wir sollten mal wieder miteinander reden."

„Ich liebe Pommes frites."

„Das habe ich als Kind gehasst."

„Spring schon rein, das Wasser ist gar nicht kalt."

„Du hast wirklich einen gesunden Schlaf."

„Ich bin richtig urlaubsreif."

„So was kauft man sich ja selbst nie."

„Ich gewinne ja eh nie was."

„Irgendwo hab ich dich schon einmal gesehen."

„Es liegt nicht an dir, es liegt an mir."

„Mein Reißverschluss klemmt."

„Nein, ich habe kein Fieber. Mir geht's prächtig."

Liegestühle im Klassenzimmer? – Spaßdebatten führen

Im Unterschied zur freien Diskussion geht es bei einer Debatte um eine Entscheidungsfrage, bei der es jeweils eine Pro- und eine Kontraseite gibt.

1. Die Schüler stehen aufgeteilt in zwei Hälften jeweils in einer Linie. Die beiden Hälften stehen so, dass sie jeweils die andere Hälfte der Klasse anblicken. Wenn die Gegebenheiten im Klassenzimmer diese Anordnung nicht erlauben, kann ersatzweise auch von den normalen Plätzen aus debattiert werden.
2. Der Lehrer bestimmt, welche Klassenhälfte bei der ersten Frage die Pro-Seite und welche Klassenhälfte die Kontra-Seite vertritt.
3. Anfangs ist ein kleiner Ball (oder ein beliebiger anderer Gegenstand, der zum Werfen geeignet ist) beim Lehrer und er beginnt mit einem Spaßthema, z.B. „Sollen alle Menschen eine Einheitsfrisur tragen?“
4. Nun reicht er den Ball zum ersten Schüler der Pro-Seite. Dieser versucht, mit einem Argument davon zu überzeugen, dass er die Themafrage bejaht, also z.B.: *Dafür spricht, dass man nicht mehr so viel überlegen muss, wie man die Haare trägt. Ich blättere so häufig in Frisörzeitschriften und kann mich kaum entscheiden. Deshalb bin ich für eine Einheitsfrisur.*
5. Nun wirft er den Ball zu einem Schüler auf der Kontra-Seite, der sich meldet. Dieser fängt den Ball und fasst das Argument, das der andere ihm „zugeworfen“ hat, zusammen und fügt ein neues Gegenargument hinzu: *Du bist der Ansicht, die Entscheidung falle dir leichter. Ich finde aber, dass es für die Frisöre dann ganz langweilig wird, wenn sie ihre Ideen gar nicht mehr verwirklichen können. Daher bin ich gegen eine Einheitsfrisur.* Nun wirft der Schüler den Ball wieder zu einem Schüler der Pro-Seite, der noch kein Argument genannt hat. Dieser fasst das zuletzt gehörte Argument zusammen und steuert ein neues Pro-Argument bei usw.

--> Tipps:

- Das Wiederholen des zuletzt gehörten Arguments ist wichtig. Es übt das Zuhören ein, und andernfalls konzentriert sich jeder Schüler nur auf die eigenen Argumente.
- In kreativen Klassen finden Schüler oft neue lustige Themen, anfangs schadet es aber nicht, Themen in der Reserve zu haben.

Sollen die Stühle im Klassenzimmer durch Liegestühle ersetzt werden?
Sollen die Nachrichten im Radio vorgesungen werden?
Sollen Kaminkehrer künftig weiße Kleidung tragen?
Sollen kleine Kinder an die Leine genommen werden?
Soll beim Fußballspiel das Handspiel erlaubt werden?

Geschichten erfinden, nacherzählen und weitererzählen

1. Die Schüler stellen sich in einem Kreis auf. Wenn die Gegebenheiten in der Klasse diese Anordnung nicht erlauben, kann ersatzweise auch von den normalen Plätzen aus erzählt werden. Es sollte dann aber vorher die Reihenfolge geklärt werden.

2. Der Lehrer notiert an der Tafel für alle sichtbar den Anfangssatz der Geschichte und den Schlusssatz (Beispiele unten). Der Lehrer erläutert: *Wir werden nun reihum eine Geschichte erzählen. Ich werde einem Schüler signalisieren, dass er beginnt. Dieser liest den Anfangssatz an der Tafel vor. Wir erzählen im Uhrzeigersinn reihum. Jeder darf nur einen Satz beisteuern. Achtet darauf, dass Figuren auftreten und etwas passiert. Es dürfen natürlich auch Ausschmückungen und wörtliche Reden vorkommen. Wir müssen versuchen, uns im Lauf des Erzählens inhaltlich dem Schlusssatz anzunähern. Der letzte Schüler im Kreis soll diesen Schlusssatz dann aussprechen.*

   Variante mit Verlassen des Klassenraums:
   - Bevor es losgeht, werden drei mutige Schüler (eventuell auch weniger) aus dem Kreis gesucht, die das Klassenzimmer verlassen, während die Geschichte reihum erzählt wird. Ein weiterer Schüler (= Zuhörer 1) soll ebenfalls aus dem Kreis heraustreten, um der entstehenden Erzählung zuzuhören (keine Notizen!).
   - Nun beginnt die Reihum-Erzählung, die einigermaßen zügig verlaufen soll. Im Anschluss an die Erzählung kommt einer der Schüler, die draußen waren, herein (= Zuhörer 2). Zuhörer 1 erzählt nun die Geschichte, so genau er kann, dem Zuhörer 2. Die anderen Schüler sollen beobachten, was sich an ihrer Geschichte verändert.
   - Anschließend erzählt Zuhörer 2 die Erzählung Zuhörer 3, der nun hereinkommt etc.

   Variante ohne Verlassen des Klassenzimmers:
   - Der Erzählkreis versucht selbst, die soeben gehörte Geschichte nachzuerzählen. Allerdings sollte diesmal ein anderer Schüler mit dem ersten Satz beginnen.
   - Ziel ist, dass sich die Geschichte inhaltlich nicht wesentlich verändert. Die Einzelheiten dürfen und können sich aber durchaus leicht verändern.

3. Anschließend kann eine neue Reihum-Erzählung gestartet werden, es kann aber auch die Geschichte reflektiert werden: Was war gut, war sie logisch, was müsste man verbessern?

Die folgenden Sätze sind nur Beispiele. Selbstverständlich können Lehrer und Schüler auch eigene Sätze erfinden.

Anfang: Die Wolken wurden dunkler. –
Schluss: Und plötzlich gefiel mir diese Musik.

Anfang: Als wir jung waren, strichen wir oft auf einem Friedhof umher. –
Schluss: Auf ihrem Nachttisch standen Hildes Nasentropfen.

Anfang: In meinem Zimmer stand das Bett hier. –
Schluss: Man fand zwei Kugeln in seinem Kopf.

Der Katzenpilot 1/2

Am Ende der Sekundarstufe I spielt vor allem für die Schulen mit mittleren Bildungsabschlüssen die Berufsberatung eine wichtige Rolle. Da den Schülern das Thema meist in einem sehr ernsten Kontext begegnet, kann diese Form eine befreiende Entlastung sein.
Andererseits ist es eine Übung für das freie Sprechen, die für Schüler vor allem vor dem Hintergrund anstehender ernsthafter Bewerbungsgespräche eine wichtige und doch lockere Übungsform darstellt, zumal das Sprechen hier befreit ist von der Angst, zu wenige Kenntnisse zu besitzen. Hier geht es eher um gute, witzige Ideen.

1. Der Lehrer teilt kleine (z.B. DIN A8), zweifarbige Zettel (hier: weiß und blau) aus, sodass jeder Schüler einen Zettel jeder Farbe erhält.
2. Der Lehrer stellt nun folgende Aufgabe: *Schreibe auf den weißen Zettel einen Beruf. Notiere nicht gleich den ersten Beruf, sondern den vierten oder fünften Beruf, der dir einfällt. Es sollte sich um einen Beruf handeln, von dem die meisten deiner Mitschüler auch schon etwas gehört haben. Schreibe nun auf den blauen Zettel eine Tierart auf. Auch hier gilt: Notiere nicht gleich das erste Tier, das dir einfällt. Sonst gibt es zu viele Zettel mit gleichem Inhalt.*
3. Nun werden die weißen und die blauen Zettel getrennt voneinander wieder eingesammelt. Die weißen Zettel werden gemischt und wieder ausgeteilt. Dasselbe geschieht mit den blauen.
4. Nun müssten alle Schüler eine Kombination aus Tier und Beruf haben, z.B. den Katzenpilot oder den Kamelschreiner. Der Lehrer gibt die folgende Anweisung: *Du machst nun Werbung für diesen noch unbekannten Beruf und versuchst deine Mitschüler davon zu überzeugen, dass dieser Job für sie ideal ist. Suche dir drei Argumente, warum es sich lohnt, diesen Beruf zu ergreifen. Ordne die Argumente in der Reihenfolge: wichtig, nicht ganz so wichtig, am wichtigsten. Erstelle nun eine kleine freie Rede. Wichtig ist, dass du frei sprichst. Leichter ist es, wenn du dich an folgendem Aufbau orientierst:*

> Formuliere eine Überleitung vom vorher vorgestellten Beruf zu deinem Beruf.
> Nenne, und erläutere ein wichtiges Argument.
> Formuliere ein zweitrangiges Argument.
> Führe dein wichtigstes Argument aus.
> Formuliere noch einmal eine kurze Zusammenfassung, und nenne anschließend noch einmal „deinen" Idealberuf.

--> **Tipp:** Damit sich die Schüler den Aufbau besser vorstellen können, sollte die Folie „Beispiel" (s.S. 66) für die Rede aufgelegt werden.

5. Der Schüler, der seinen Beruf vorstellt, bestimmt im Lauf seiner Rede, wer als Nächstes spricht.

Beispiel:

Ich möchte euch heute einen Beruf vorstellen, von dem ihr noch nichts gehört habt, der aber viele Zukunftschancen besitzt:
Der Katzenpilot. Nein, ihr braucht natürlich keine Angst zu haben, dass im Cockpit eures nächsten Urlaubsflugzeugs eine Katze sitzt. Ein Katzenpilot ist ein Pilot, der dafür ausgebildet wurde, Katzen in den Urlaub zu fliegen.

→ **Hinführung und Nennung des Berufs**

Bisher waren Flugreisen für Tiere ja immer ein Riesenstress. Dieser Stress ist nun vorbei: Bei den neuen Katzenflugzeugen ist das ganz anders, weil die Katzen nicht mehr in kleinen Käfigen transportiert werden, sondern kreuz und quer durchs Flugzeug laufen können, weil ja nur sie sich im Passagierraum befinden.

→ **erstes Argument: (wichtig)**

Natürlich müsst ihr als Katzenpilot keine Angst mehr vor Terroranschlägen haben. Katzen können zwar manchmal fauchen und kratzen. Von Selbstmordanschlägen mit Sprengstoff hat man in der Welt der Katzen bisher aber noch nicht gehört.

→ **zweites Argument (nicht ganz so wichtig)**

Am attraktivsten ist es aber für die Piloten, die Probleme mit einer sanften Landung haben. Während die menschlichen Passagiere beleidigt sind, wenn ihr zu hart aufsetzt, können Katzen mit ihrem geschmeidigen Körper jede Erschütterung perfekt ausgleichen.

→ **drittes Argument (am wichtigsten)**

Stressloses Reisen, keine Anschlagsgefahr und eine holprige Landung darf auch mal sein. Was gibt es für einen Piloten Besseres? Darum mein Tipp für euch und besonders für dich, Melanie:
Lasst euch zum Katzenpiloten oder zur Katzenpilotin ausbilden!

→ **Kurzzusammenfassung der Argumente, Wiederholung des Berufs, Aufrufen des nächsten Schülers**

Wer viel reist, wie der Katzenpilot, der ist vielleicht auch schon im Orient gewesen und hat dort Kamele gesehen. Aber den Beruf des Kamelschreiners kennt er vielleicht noch nicht.

→ **Überleitung vom Katzenpiloten zum Kamelschreiner**

Der Kamelschreiner ist ja ursprünglich dadurch entstanden, dass viele Leute kleine Holzkamele wollten, die sie zu Hause aufstellen können. [...]

Geht's auch freundlicher?

Sätze können verletzen. Sie tun das vor allem, weil man oft nicht überlegt, wie man etwas formuliert.

1. Versuche, die folgenden Sätze so zu formulieren, dass sie optimistischer klingen. Natürlich gibt es mehrere Lösungsmöglichkeiten.
   a) Haben dir deine Eltern nicht beigebracht, wie man sich bedankt?

      Mit einem Dankeschön kann man sich Freunde machen.

   b) Das hast du falsch gemacht.

      ____

   c) Pass doch auf, wo du hintrittst.

      ____

   d) Als Klassensprecher solltest du aber ein besseres Vorbild sein.

      ____

   e) Im Essen ist viel zu viel Salz drin.

      ____

   f) Was soll das jetzt?

      ____

   g) So brauchst du mir nicht zu kommen!

      ____

   h) Mit diesen Klamotten kannst du da nicht hingehen.

      ____

   i) Bist du blind?

      ____

   j) Hast du mich nicht verstanden?

      ____

   k) Sag mal, träumst du?

      ____

2. Tauscht euch in der Klasse über die Sätze aus, die ihr gefunden habt. Notiere weitere Lösungen, die dir noch besser gefallen als deine eigenen.

3. **Zusatzaufgabe:** Notiere auf der Rückseite weitere Sätze, die dich geärgert haben, oder Sätze, die dir rausgerutscht sind und vielleicht auch nicht sehr höflich waren. Gib jeweils auch eine höflichere Lösung an, oder frage deinen Banknachbarn, was er vorschlägt.

Beschwerdespiel

1. Der Lehrer fragt, welche beiden Schüler zwei Kunden spielen wollen. Diese beiden verlassen für kurze Zeit das Klassenzimmer mit einem Karton (je größer, desto lustiger). Sie dürfen nicht an der Tür lauschen (eventuell Aufpasser einsetzen!).
2. Der Lehrer sammelt mit den verbleibenden Schülern Vorschläge für einen sonderbaren Gegenstand (z.B. eine Kürbiszerstampfmaschine) bzw. einen Gegenstand mit einer ungewöhnlichen Eigenschaft (z.B. ein sprechendes Bügelbrett).
3. Nach der Einigung auf einen Gegenstand werden zwei Schüler bestimmt, die in der Kundendienstabteilung eines Kaufhauses arbeiten.
4. Nun kommen die beiden „Kunden-Schüler" herein und beschweren sich lautstark über den Gegenstand im Karton, wobei sie natürlich nicht wissen, worum es sich eigentlich handelt. Dies herauszufinden, ist ihr Ziel.
5. Die Kundendienstleute verraten dem Kunden den Gegenstand nicht, fragen aber z.B., was dieser mit dem Gegenstand gemacht hat, wann er ihn benutzt hat, fordern ihn auf, dies genau zu beschreiben etc. Dabei sollen sie indirekte Hinweise geben. Je ausführlicher und mutiger die „Kunden" beschreiben, desto mehr werden sie sich dem Gegenstand annähern und ihn irgendwann auch erraten.

Erfinderspiel

1. Ein Spieler verlässt das Klassenzimmer und darf nicht lauschen (evtl. kommt ein Aufpasser mit).
2. Der Lehrer sammelt mit den verbleibenden Schülern Ideen, was der Schüler erfunden haben könnte (z.B. ein Handy mit integriertem Föhn). Nachdem man sich auf eine Erfindung geeinigt hat, werden noch zwei Schüler bestimmt, die den Erfinder gleich interviewen, und ein vierter Schüler, der die „fremden Arme" des Erfinders spielen wird.
3. Der Erfinder kommt herein und nimmt in der Talkshow zwischen zwei Interviewern Platz. Dabei verschränkt er seine Hände nach hinten, während der vierte Schüler die fremden Arme des Erfinders spielt. Sofern eine Jacke zur Verfügung steht, ist es noch besser, wenn der redende Schüler diese verkehrt herum vor sich hält und der gestikulierende Schüler seine Arme von hinten durch die Ärmel steckt. Zudem kann letzterer sich etwas hinter der Jacke verstecken.
4. Im Interview muss der Erfinder nun herausfinden, was er eigentlich entwickelt hat. Die Interviewer nennen die Erfindung nicht, geben durch ihre Fragen zur Erfindung aber vorsichtige Hinweise. Die „fremden Arme" unterstreichen gestisch das, was der Erfinder sagt, weisen aber auch etwas auf den erfundenen Gegenstand hin.

Zusatzmaterialien

Das Spiel lebt von der spannenden taktischen Konstellation, die sich zwischen ausgeglichenen Teams nach einigen Fragen ergeben kann. Erfahrungsgemäß bildet sich in Kürze innerhalb des Teams ein starkes Mannschaftsgefühl heraus.

1. Die Klasse wird am Mittelgang in zwei möglichst gleich große Mannschaften aufgeteilt. Jeder Mannschaft wird eine Teamfarbe zugeordnet – entsprechend den Farben der vorliegenden Folienstifte, also z.B. ein blaues und ein rotes Team.
2. Das blaue Team versucht, auf der Wabenfläche (s.S. 71) von oben nach unten eine geschlossene Reihe von eroberten Waben zu bilden, das rote Team versucht, von links nach rechts eine geschlossene Reihe zu erhalten. Wer das zuerst schafft, hat gewonnen.
3. Waben kann man dadurch erobern, dass man eine Frage richtig beantwortet. Die Antwort beginnt immer mit dem Buchstaben, er auf der Wabe steht.
4. Am Anfang liest der Lehrer eine Frage zu einem Buchstaben vor. Sobald sich ein Schüler meldet, wird er aufgerufen. Kann er die Antwort sofort und ohne Beratung geben, wird die Wabe mit dem Buchstaben in der Teamfarbe ausgemalt. Kann er keine Antwort geben oder gibt er eine falsche, wandert die Frage zum anderen Team. Nun muss dieses sofort eine Antwort geben. Die Frage wandert so lange hin und her, bis die richtige Antwort gegeben wird. Eventuell kann der Lehrer kleine Antworthilfen geben. Wenn niemand die richtige Antwort weiß, wählt der Lehrer eine neue Frage zu diesem Buchstaben.
5. Der Schüler, der die richtige Antwort geben konnte, bestimmt den nächsten Buchstaben, um den gespielt wird usw.

--> **Tipps:**

- Es ist wichtig, dass sich die Schüler melden und nicht einfach hereinrufen. Wenn ein Schüler antwortet, ohne sich zu melden, wandert die Frage automatisch zur anderen Seite.
- Ein Spiel dauert etwa zehn bis fünfzehn Minuten. Meistens verlangt die unterlegene Gruppe eine Revanche. Bei einer zweiten Runde (Folie abwaschen) sollten die Farben zwischen den Teams getauscht werden, sodass jedes Team einmal den etwas kürzeren Weg vor sich hat.
- Wenn nach einer gespielten Runde nur noch so wenig Zeit übrig bleibt, dass ein neues Spiel zu lange dauern würde, können die Schüler aufgefordert werden, auf einem kleinen Zettel weitere Fragen mit Antworten zu notieren, z.B. zum Anfangsbuchstaben des eigenen Vornamens etc. – Der Lehrer kann auf diese Weise das Fragenreservoir erweitern, indem er brauchbare Fragen als Ergänzungsfragen aufnimmt.

A

- Zu welchem märchenhaften A passt die Schlagzeile: „Vögel verbessern Qualität von Lebensmitteln"? – **Aschenputtel**
- Welche A im Haus „erspart" – nach Wilhelm Tell – „den Zimmermann"? – **Axt**
- Welcher A ist die erste Figur im meistverkauften Buch der Welt? – **Adam**
- Welches A versucht, die Buchstaben zu ordnen? – **Alphabet**
- Welches A ist der Fachbegriff für Wörter wie Team, Touch und Coach? – **Anglizismus**
- Welcher A schreibt Bücher? – **Autor**
- Welches A ist die Umstandsangabe? – **Adverbial(e)**

B

- Welchen B verderben viele Köche? – **Brei**
- Welche B erzählen gereimt und dramatisch? – **Balladen**
- Welcher B wurde zum Mittäter der Brandstifter? – **Biedermann**
- Welches großstädtische B befindet sich im Satz: „Wählst du lieber links oder rechts?" – **Berlin**
- Welcher B „ward in selbiger Nacht/von seinen Knechten umgebracht"? – **Belsazar**
- Welcher B ist Ronja Räubertochters Freund? – **Birk**
- Welche B ist eine Zier/doch weiter kommt man ohne ihr? – **Bescheidenheit**

C

- Welcher vielstimmige C durfte im griechischen Theater nicht fehlen? – **Chor**
- Welche C zeichnet Geschichte auf? – **Chronik**
- Welche C sind witzige Bildergeschichten? – **Comics**
- Welcher C hat die Schreibmaschine fast verschwinden lassen? – **Computer**
- Von welchem Land erzählen die Bücher über Marco Polo? – **China**
- Welche C ist die Tochter der Schwester meiner Mutter? – **Cousine**
- So lange bei beiden die C stimmt, werden sie als Team erfolgreich sein. – **Chemie**

D

- „Leichte Handverletzung führt zu Massenhypnose" – Welches märchenhafte D passt zu dieser Schlagzeile? – **Dornröschen**
- Welche alte D rächt sich in einer Komödie an Alfred Ill, als sie auf Besuch ist? – **Dame**
- Welches D macht die Gelegenheit? – **Diebe**
- Welches D bezeichnet Heinrich Heine als Wintermärchen? – **Deutschland**
- In welchem D steckt der Teufel? – **Detail**
- „Ich sei, gewährt mir die Bitte, in eurem Bunde der D." – **Dritte**
- Welches D erfragt man mit „wem"? – **Dativobjekt**

E

- Welcher adlige E mit dem Vornamen Joseph schrieb romantische Gedichte von rauschenden Wäldern, Mondschein und Sternen? – **Eichendorff**
- „Mein Vater, mein Vater, jetzt fasst er mich an." Welcher E hat ihm „ein Leids getan"? – **Erlkönig**
- Wie heißt die Schwester von Drama und Lyrik? – **Epik**
- Er benimmt sich wie ein E im Porzellanladen. – **Elefant**
- Welcher E wurde in einem Buch von Erich Kästner zum Detektiv? – **Emil**

- In welchem E gibts nicht nur Käse, sondern auch eine literarische „schwarze Spinne"? – **Emmental**
- „Es war als hätt der Himmel die E still geküsst." – **Erde**
- Welchen E nennt man zuerst, wenn man eine Aufzählung mit „ich" beginnt? – **Esel**

F
- Welcher märchenhafte F passt zur Schlagzeile: „Grüner Herrscher bittet um Asyl." – **Froschkönig**
- In welcher F quasseln die Tiere? – **Fabel**
- „Der Herr der Ringe" ist ein F-Roman – **Fantasy**
- Mit welcher F lernt man das Lesen? – **Fibel**
- Welches F enthält meist politische Aufrufe? – **Flugblatt**
- Welches F ist eine Zeitstufe? – **Futur**
- Wer sich zum ersten Mal in harter Praxis bewährt, besteht die F. – **Feuerprobe**

G
- Welchem geschenkten G schaut man nicht ins Maul? – **Gaul**
- „Die Botschaft hör ich wohl, allein mir fehlt" welcher G? – **Glaube**
- Welches G ist ein Fremdwort für Kraftwageneinstellhalle? – **Garage**
- Welches G hat die Morgenstund' im Mund? – **Gold**
- Welcher G gibt Antwort auf die Frage mit ‚wessen'? – **Genitiv**
- Welches G ist das deutsche Wort für Präsens? – **Gegenwart**
- Welche metaphorische G bekommt der Ängstliche? – **Gänsehaut**

H
- „Und der H…, der hat Zähne und die trägt er im Gesicht." – **Haifisch**
- Welcher deutsche Nobelpreisträger H mit dem Vornamen Hermann schrieb den „Steppenwolf"? – **Hesse**
- In welchem romanhaften H von Max Frisch verliebt sich ein junger Mann in seine Tochter? – **Homo Faber**
- Mit welchem H bezeichnet man das Gegenteil eines tragischen Endes? – **Happy End**
- Welcher H steht im Mittelpunkt des Romans? – **Held**
- Welche sprichwörtlichen H stehen einem manchmal zu Berge? – **Haare**
- H und Kunz sind jedermann. – **Hinz**

I
- Welches deutsche I ist eine Übersetzung des Fremdwortes Labyrinth? – **Irrgarten**
- Welches I ist der märchenhafte Name des Wolfes? – **Isegrimm**
- Welches I spielt an einem Ort voll friedvoll-glücklicher, selbstgenügsamer Geborgenheit? – **Idylle**
- Welche I schreit nach dem Konjunktiv? – **Indirekte Rede**
- Wer völlig fertig ist, der ist manchmal reif für die I? – **Insel**
- „Es i… der Mensch, so lang er strebt." – **irrt**
- Wer jemanden täuscht, lockt ihn in die I… – **Irre**

K
- Welches K ist ein Fremdwort für „vervielfältigen"? – **kopieren**
- Welche K ist mit spitzer Feder gezeichnet? – **Karikatur**
- Welche epochale Ära fand in Weimar ihre Heimat? – **Klassik**
- Welche K binden Sätze aneinander? – **Konjunktionen**

- Nathan der Weise sagt: „Es sind nicht alle frei, die ihrer K spotten." – **Ketten**
- „Ein Pferd! Ein Pferd! (M)ein K für 'n Pferd." – **Königreich**
- In der Geschichte könnte ein K Wahrheit stecken. – **Körnchen**

L

- Welchen L beißen die Hunde? – **Letzten**
- Welche L haben kurze Beine? – **Lügen**
- In welchem L findet alljährlich eine große Buchmesse statt? – **Leipzig**
- Welches adverbiale L antwortet uns auf „Wo", „Woher?", „Wohin?" – **Lokaladverbial**
- Welcher L war der aufklärerischste aller deutschen Dichter? – **Lessing**
- Wenn deine Mutter das erfährt, wird sie dir die L lesen. – **Leviten**
- Nach Erfolgen soll man sich nicht allzu lang auf seinen L ausruhen. – **Lorbeeren**

M

- Welcher M ist aller Laster Anfang? – **Müßiggang**
- Welche M waren die ritterlichen Dichter des 14.–16. Jahrhunderts? – **Minnesänger**
- Welches M ist ein gebräuchliches Fremdwort für „Nahrohr"? – **Mikroskop**
- Welches M ist ein Fremdwort für „Dörrleiche"? – **Mumie**
- „Kein Schiffer lenket die Fähre/Und der wilde Strom wird zum M". – **Meere**
- Welcher M ist der Teufel in Goethes Faust? – **Mephisto**
- Welcher M ist noch nicht vom Himmel gefallen? – **Meister**

N

- Wie heißt Selma Lagerlöfs Romanheld N, der mit den Wildgänsen fliegt? – **Nils Holgersson**
- Welches N ist die höchste Auszeichnung für einen Schriftsteller? – **Nobelpreis**
- Diese Quizfrage ist für manche eine harte N… – **Nuss**
- Heimliche Aktionen finden bei N und Nebel statt. – **Nacht**
- Welchen N hat man an jemandem gefressen, wenn man ihn sehr gern hat? – **Narren**
- Welche N werden im Deutschen groß geschrieben? – **Nomen**
- Welche N sind in einem Satzgefüge enthalten? – **Nebensätze**

O

- Welches O soll das halbe Leben sein? – **Ordnung**
- Welcher griechische Held segelte über die Weltmeere? – **Odysseus**
- Welcher O schleppt in einer weltbekannten Bildergeschichte Hinkelsteine? – **Obelix**
- Welches O ist das Fremdwort für „beobachten"? – **observieren**
- Von welchem O kehrt Faust mit einem Pudel zurück? – **Osterspaziergang**
- Welches O geht dem Preußler voraus? – **Otfried**
- Erzähl mir alles, ich bin ganz O. – **Ohr**

P

- Welches P äfft eine bekannte Dichtung nach? – **Parodie**
- Wie nennt man Sprache, die nicht lyrisch ist? – **Prosa**
- Welches grammatikalische P bezeichnet Verhältniswörter? – **Präposition**
- Zu welchen P zählen „meines", „deines", „ihres" und „seines"? – **Possessivpronomen**
- Welches stilistische P verleiht den Dingen menschliche Züge? – **Personifikation**
- In welchem temporalen P steht dieser Satz? – **Präsens**

R

- Welches märchenhafte R passt zur Schlagzeile: „Kräftiger Haarwuchs verhilft zu Schäferstündchen" – **Rapunzel**
- Mit welchen zauberhaften R schrieben die alten Germanen? – **Runen**
- Welche R ist ein Mitbewerber? – **Rivale**
- Welches grammatikalische R ist das Wörtchen, das in diesem Satz hinter dem Komma steht? – **Relativpronomen**
- Welche R darf man meist nicht wörtlich nehmen? – **Redewendung**
- Welche gestellte R bedarf eigentlich keiner Antwort? – **Rhetorische Frage**
- „Und kratzen und schaben/und r und traben." – **rennen**

S

- „Adelige in Kommune mit Bergarbeitern". Welches märchenhafte S passt zu dieser Schlagzeile? – **Schneewittchen**
- Für welches S braucht jener mit Schaden nicht zu sorgen? – **Spott**
- Welchen S höhlt der stete Tropfen? – **Stein**
- Welcher S ist der Seefahrer aus 1001 Nacht? – **Sindbad**
- Welches S ist ein Fremdwort für „Spielzeit"? – **Saison**
- Welcher S schrieb den „Wilhelm Tell"? – **Schiller**
- Welches S ist die schlichtere Alternative zum Satzgefüge? – **Satzreihe**

T

- „Tragbarer Schnellimbiss erfunden". Welches märchenhafte T passt zu dieser Schlagzeile? – **Tischlein deck dich**
- Welches T ist das persönlichste Buch? – **Tagebuch**
- Welche T sind nicht gebunden? – **Taschenbücher**
- In welcher T sitzt man, wenn man sich in einer misslichen Lage befindet? – **Tinte**
- Wo hinein lügt man sich, wenn man sich etwas vormacht? – **Tasche**
- Welches T ist das Fachwort für Zeitstufe? – **Tempus**
- Welches adverbiale T erfragt man mit wann und seit wann? – **Temporaladverbial**

W

- Welcher W ist oft Vater des Gedankens? – **Wunsch**
- Welcher W nannte sein Gewehr Silberbüchse? – **Winnetou**
- Welches W war der Herkunftsort der deutschen Klassik? – **Weimar**
- Welches W ist ein Synonym von Scherz? – **Witz**
- In welchem W brillierten die Dramatiker Grillparzer, Nestroy und Raimund? – **Wien**
- Welche weiße W trägt man, wenn man nichts Unehrenhaftes begangen hat? – **Weste**
- „Du sprichst ein großes W gelassen aus" – **Wort**

Z

- In welchem Z hält man seine Zunge, wenn man Unbedachtes nicht sagt? – **Im Zaum**
- Welcher Z spricht davon, dass sein Meister sich „doch einmal wegbegeben" habe? – **Zauberlehrling**
- Welche Z sind wörtliche Übernahmen? – **Zitate**
- In welcher Z spielen Science-Fiction-Romane meist? – **Zukunft**
- In welcher Z findet man beinahe täglich Enten? – **Zeitung**
- Welche Z hausen der Sage nach Schätze hütend im Erdinnern? – **Zwerge**
- Welche Z lässt Autoren anonym schreiben? – **Zensur**

Der große Deutschpreis 1/6

1. Die Klasse wird (z.B. am Mittelgang) in zwei Mannschaften aufgeteilt. Jede Mannschaft erhält am Anfang 100 Punkte Startguthaben. Der aktuelle Punktestand wird stets an der Tafel notiert. Es werden zwei Spielkapitäne bestimmt, die jeweils entscheiden, welcher Spieler seiner Mannschaft das nächste Feld auf dem Spielplan (s.S. 77) aussucht.

2. Der Lehrer entscheidet sich für eines der Fragenfelder (s.S. 78–81) zum Spielplan.

3. Spielkapitän 1 bestimmt den ersten Spieler. Dieser wählt ein Feld auf dem Spielplan aus. Je höher die Punktezahl, desto schwieriger wird die Frage voraussichtlich sein. Der Lehrer stellt die zum gewählten Spielfeld passende Frage an den ersten Spieler.

4. Nun gibt es vier Möglichkeiten:
   - Es handelt sich um ein normales Fragenfeld: Wenn der Spieler die richtige Antwort gibt, erhält seine Mannschaft die Anzahl der Punkte, die auf dem Feld steht. Wenn er die Antwort nicht weiß, wird der Mannschaft diese Punktezahl vom Punktekonto abgezogen.
   - **Joker-Feld:** Bei einem Jokerfeld gibt es keinen Punkteabzug, wenn die Frage falsch beantwortet wird.
   - **Risiko-Feld:** Der Spielkapitän setzt eine selbstgewählte Anzahl von Punkten des aktuellen Punktekontos. Wer keine Punkte auf dem Konto hat, kann nichts hinzugewinnen. Wenn die Antwort stimmt, erhält die Mannschaft die Punkte dazu, wenn sie falsch ist, werden diese Punkte abgezogen. Der niedrigste Punktestand ist null.
   - **Raub-Feld:** Die Mannschaft kann dem anderen Team die Anzahl der Punkte (auf dem Feld) rauben, wenn sie die Antwort weiß. Wenn sie die Antwort nicht weiß, muss sie diese Punktezahl vom eigenen Punktekonto an die andere Mannschaft abgeben.

5. Je nach Erfolg wird der neue Punktestand an der Tafel notiert, das gespielte Fragefeld wird mit dem Folienstift durchgestrichen.

6. Nun kommt die andere Mannschaft dran. Der Kapitän bestimmt einen Spieler, der eines der verbleibenden Fragefelder aussucht und die Antwort gibt. Wieder werden Punkte notiert und das Fragefeld durchgestrichen.

7. Wenn der Kapitän des ersten Teams nun wieder einen Spieler bestimmt, muss es ein neuer Spieler sein, sodass möglichst alle Schüler einmal drankommen.

8. Abwechselnd kommen nun beide Mannschaften dran, bis ein Fragefeld ganz aufgebraucht ist oder bis der Gong die Stunde beendet. Die Mannschaft, die am Ende des Spiels mehr Punkte erzielen konnte, hat gewonnen.

Rechtschreibung	Grammatik	Sprachbetrachtung	Literatur
20	20	20	20
40	40	40	40
60	60	60	60
80	80	80	80
100	100	100	100

Rechtschreibung	Grammatik	Sprachbetrachtung	Literatur
Schreibe an die Tafel das Farbwort **„weiß“**.	Joker Welche fünf Vokale (Selbstlaute) gibt es? **[a, e, i, o, u]**	Nenne einen Sammelbegriff für „Bairisch, Hessisch, Sächsisch“. **[Dialekte, Mundarten]**	„Wer reitet so spät durch Nacht und Wind/Es ist …“ – Setze fort. **[der Vater mit seinem Kind]**
Joker Schreibe an die Tafel das Wort **„riesig“**.	Risiko Setze den Satz „Wir laufen.“ ins Präteritum (1. Vergangenheit) **[Wir liefen.]**	Baue in den Satz „Es regnet“ einen Vergleich ein. **[z.B. Es regnet wie aus Kübeln.]**	In welcher epischen Kurzform spielen magische Dinge und ein gutes Ende eine wichtige Rolle? **[Märchen]**
Schreibe an die Tafel das Wort **„interessieren“**.	Nenne ein Partizip Perfekt (Mittelwort der Vergangenheit). **[gesagt, gesunken, gewesen, etc.]**	Raub Was versteht man in der Sprache unter einer Ellipse? **[unvollständigen Satz]**	Wie nennt man das „Ich“ in einem Gedicht? **[lyrisches Ich]**
Raub Schreibe an die Tafel das Wort **„Afghanistan“**.	Was ist der Wortstamm von „bewohnbar?“ **[-wohn-]**	Aus welcher Sprache stammen die Wörter „Bank, Konto, Kredit“ ursprünglich? **[aus dem Italienischen]**	Zu welcher literarischen Epoche gehört die „Gleichung“: Kunst = Natur – x? **[Naturalismus]**
Schreibe an die Tafel das Wort **„Rhythmus“**.	„Das Haus gehört meinen Eltern.“ Erweitere diesen Satz durch einen Attributsatz. **[z.B.: Das Haus, das am See liegt, gehört meinen Eltern.]**	Was ist der Fachausdruck für: englische Spracheigentümlichkeit in einer anderen Sprache? **[Anglizismus]**	Welche Stadt ist die Heimat der klassischen Literaturepoche, in der Goethe und Schiller Freundschaft schlossen? **[Weimar]**

Der große Deutschpreis 4/6

Rechtschreibung	Grammatik	Sprachbetrachtung	Literatur
Schreibe an die Tafel das Wort **„Schülerinnen“**.	Wie heißen die ersten fünf Konsonanten (Mitlaute) des Alphabets? **[b, c, d, f, g]**	Risiko Ergänze das Sprichwort: „Es ist noch kein Meister …“ **[… vom Himmel gefallen]**	Joker Wie nennt man Personen, die Texte für Zeitungen und Zeitschriften schreiben? **[Journalisten]**
Raub Schreibe an die Tafel das Wort **„außerhalb“**.	Welches Fragewort dient zur Ermittlung des Dativs (3. Fall)? **[wem?]**	Ersetze das Fremdwort „Euphorie“ durch ein einheimisches Wort. **[z.B. Begeisterung]**	In welcher literarischen Epoche suchen Dichter wie Novalis nach der blauen Blume? **[Romantik]**
Joker Schreibe an die Tafel das Wort **„widerspiegeln“**. (Im Sinne von: Das spiegelt das Ergebnis wider.)	Setze den folgenden Satz ins Passiv: Ich löse das Rätsel. **[Das Rätsel wird (von mir) gelöst.]**	Wie nennt man das Deutsch, das im Mittelalter gesprochen wurde? **[Mittelhochdeutsch]**	Welche Textsorte in der Zeitung versucht, den Leser das Geschehen miterleben zu lassen. **[Reportage]**
Risiko Schreibe an die Tafel das Wort **„Lebensstandard“.**	Wie lautet die Plural-Dativ-Form von „Ampel“ im Dativ Plural (Mehrzahl 3. Fall)? **[Ampeln]**	Bilde einen Satz mit einer Personifikation. **[z.B. „Kein Baum sieht den anderen.“]**	Wer entwickelte die Form des epischen Theaters? **[Bertolt Brecht]**
Schreibe an die Tafel das Wort **„Detektiv“** .	„Thorsten kommt aus Hamburg.“ Füge in den Satz eine Apposition ein. **[z.B. Thorsten kommt aus Hamburg, einer Hafenstadt.]**	„Freudig schauen deine Augen aus.“ – Formuliere den Inhalt des Satzes mit einer Metapher. **[z.B. Helle Länder sind deine Augen.]**	Wer schrieb den Roman „Der Steppenwolf“? **[Hermann Hesse]**

Rechtschreibung	Grammatik	Sprachbetrachtung	Literatur
Schreibe an die Tafel das Wort **„wahrscheinlich“**.	Bilde einen Satz mit der Abfolge: Subjekt – Prädikat – Objekt. **[z.B. Verena kauft das Buch.]**	Raub Bilde ein Synonym zu „Armut“. **[Not, Elend]**	Wer erfand den Buchdruck? **[Johannes von Gutenberg]**
Schreibe an die Tafel das Wort **„nämlich“**.	In welchem Tempus (Zeitstufe) steht der Satz: In die Bücherei werde ich gehen. **[Futur I]**	Joker Wie nennt man die Sprache der Hände? **[Gestik]**	Wie nennt man die Gegenstände auf der Theaterbühne? **[Requisiten]**
Joker Schreibe an die Tafel den Satz: **„Ich weiß, dass ich nichts weiß.“**	Ersetze die Positiv-Form des Adjektivs durch die Superlativform: Sandra hat viele Spiele. **[Sandra hat die meisten Spiele.]**	Bilde ein Antonym (gegenteiligen Begriff) zu „abraten“. **[empfehlen]**	In welcher journalistischen Textsorte nimmt ein Journalist ausführlich Stellung zu einem aktuellen Thema? **[Kommentar]**
Schreibe an die Tafel den Satz **„Vor allem gefiel ihr das Tanzen.“**	Sie liest die Zeitung. – Baue in den Satz ein Modaladverbial ein. **[z.B. Sie liest die Zeitung gewissenhaft.]**	Wie nennt man das Herausschreiben wichtiger Informationen aus einem Text? **[Exzerpieren]**	„O schaurig ist's übers ______ zu gehn,/Wenn es wimmelt vom Heiderauche“ – Welches Wort fehlt hier? **[Moor]**
Schreibe an die Tafel das Wort **„Rhetorik“**.	Risiko Wie nennt man das Wort „sich“ im Satz „Sie beeilt sich.“? **[Reflexivpronomen (rückbezügliches Fürwort)]**	Risiko Nenne einen Euphemismus zu „sterben“. **[das Zeitliche segnen, dahinscheiden, etc.]**	Nenne einen expressionistischen Dichter. **[z.B. Gottfried Benn, Georg Heym, Georg Trakl, Else Lasker-Schüler, Jakob van Hoddis]**

Der große Deutschpreis 6/6

Rechtschreibung	Grammatik	Sprachbetrachtung	Literatur
Schreibe an die Tafel das Wort **„beispielsweise“**.	Nenne ein Nomen, das man als Femininum bezeichnet. **[Nomen mit Artikel „die“, z.B. Katze, Sonne, Frau etc.]**	Wie heißt das Zeichen, das anzeigt, dass in einem Wort ein Buchstabe ausgelassen wurd’? **[Apostroph]**	Wie nennt man einen Gedichtabschnitt, der sich aus mehreren Versen zusammensetzt? **[Strophe]**
Risiko Schreibe an die Tafel das Wort **„Enttäuschung“**.	Setze den Satz „Ihr werdet in die Bücherei gegangen sein“ ins Perfekt. **[Ihr seid in die Bücherei gegangen.]**	Raub Wie nennt man die Sprache des Gesichtes? **[Mimik]**	„Ungleiche Geschwister sind beim meteorologischen Dienst im Arbeitseinsatz.“ Von welchem Märchen ist die Rede? **[Frau Holle]**
Schreibe an die Tafel den Satz: **„Das gefiel ihm gar nicht.“**	Raub Nenne den Imperativ von „gibt“. **[gib/gebt]**	„Milch macht müde Männer munter“ – Welche Stilfigur steckt in diesem Satz? **[Alliteration, Stabreim]**	Zu welcher Gedichtart zählen der „Erlkönig“, „Die Bürgschaft“ und „Belsazar“? **[Ballade]**
Schreibe an die Tafel den Satz: **„Auf einmal war sie mir sympathisch.“**	Wie heißen die Wörter „in, auf, nach, vor …“ **[Präpositionen/ Verhältniswörter]**	Wie nennt man die Sprache, die für ein bestimmtes Wissensgebiet typisch ist? **[Fachsprache]**	Zu welcher Literaturepoche zählen „Die Leiden des jungen Werthers“ und Schillers „Räuber“? **[Sturm und Drang]**
Joker Schreibe an die Tafel **„aggressive Konkurrenten“**.	Joker „Die Tür liefert der Schreiner.“ – Wie lautet das Subjekt? **[der Schreiner]**	Bilde eine rhetorische Frage. **[z.B. Wer ist schon perfekt? Bist du taub?]**	Wie heißen humorvolle Zeitungstexte zu Alltagsthemen, die in Randspalten abgedruckt sind? **[Glossen]**

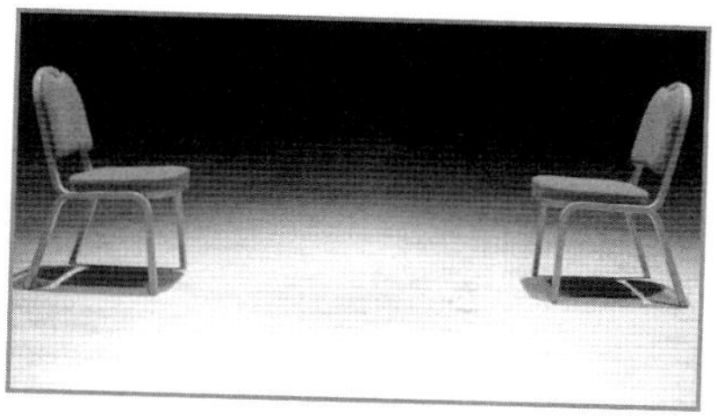

1. Stellen Sie das Spiel und ggf. das Preisraster vor (s. S. 90). Legen Sie die Folie mit den Gewinnstufen auf (s. S. 83).
2. Alle Schüler nehmen zunächst an einer Qualifikationsfrage (s. S. 84) teil. Deren Schwierigkeitsgrad ist bewusst so hoch, dass fast niemand die Frage weiß, jeder aber schätzen kann. Reihum geben alle Schüler ihren Tipp ab. Wer die richtige Antwort weiß bzw. dieser am nächsten kommt, ist Kandidat. Er nimmt auf dem Lehrerstuhl Platz, mit Blick zum Lehrer, der ihm gegenüber steht.

--> Tipp: Erstellen Sie sich im Laufe der Zeit komplette Folienvorlagen für die Runden: Tippen sie dazu jeweils eine Frage aus jeder Kategorie (s. S. 84–90) so ab, dass Sie sie gut auf eine oder mehreren Folien kopieren können. Der Kandidat sitzt dann von der Klasse abgewandt mit Blick zur Wand, an die die Fragen projiziert werden, sodass er die verschiedenen Antworten immer im Blick hat.

3. Der Lehrer liest der Reihe nach Fragen vor, die immer schwerer werden (1: sehr leicht, 15: ganz schwer). Von den vier angebotenen Antworten ist immer eine richtig. Der Kandidat darf so lange spielen, solange er keine falsche Antwort gibt, und er darf jederzeit das Spiel beenden, auch noch, nachdem er die Frage gesehen hat. Wenn er eine Frage falsch beantwortet, fällt er auf die bisher erreichte Gewinnstufe zurück.
4. Dem Kandidaten stehen drei Joker zur Verfügung:
   - **50:50-Joker:** Der Lehrer streicht zwei falsche Antworten.
   - **Publikumsjoker:** Der Lehrer lässt die Klasse über die richtige Antwort abstimmen: „Jetzt melden sich alle, die meinen A sei richtig, jetzt diejenigen, die für B sind usw.".
   - **Aufrufjoker:** Der Schüler darf einen sich meldenden Mitschüler aufrufen, um dessen Antworttipp zu erfragen.

--> Tipps: Natürlich kann sich statt eines Kandidaten auch ein kleines Kandidatenteam, das sich dann auf eine Lösung einigen muss, gemeinsam an den Fragen versuchen. Die langjährige Erfahrung des Verfassers hat jedoch gezeigt, dass dies gar nicht nötig ist: Wenn das Fernsehformat in möglichst vielen Details nachgeahmt wird und es ansprechende Preise gibt, fiebert die ganze Klasse mit dem Kandidaten mit. Außerdem ist die Klasse über die Joker ja an einigen Stellen des Spiels selbst gefordert.

5. Wenn eine Runde beendet ist, ist es sinnvoll, wenn Schüler selbst neue und gute „Dillionärsfragen" schreiben. So kann das Fragenrepertoire des Lehrers anwachsen, die Schüler aber müssen selbst ihre Kenntnisse abrufen und geeignete Formulierungen finden. Durch das vorausgehende Spiel ist in der Regel die Motivationsgrundlage fürs eigene Schreiben gefunden.

15

14

13

12

11

10 feste Gewinnstufe

9

8

7

6

5 feste Gewinnstufe

4

3

2

1

50:50

Qualifikationsfragen

- In welchem Jahr wurde der Dichter Christian Morgenstern geboren? – **1871**
- Wann war das Morsealphabet erstmals im Einsatz? – **1838**
- Wann erschien das Buch „Max und Moritz" erstmals? – **1865**
- Aus welchem Jahr stammt der älteste Nachweis des Wortes „deutsch" (in latinisierter Form)? – **Man findet das Wort „deutsch" in seiner lateinischen Form „theodisce" erstmals im Jahre 786 n.Chr. im Synodenbericht des päpstlichen Nuntius Gregor von Ostia.**
- In welchem Jahr wurde Friedrich Schiller geboren? – **1759** **(bei mehreren gleichen richtigen Antworten können die Schüler noch nach dem genauen Geburtsdatum gefragt werden: 10. November)**
- Was ist der häufigste Buchstabe im Deutschen? – **e** **(Stichfrage: … der zweithäufigste?: n; … der dritthäufigste? – i)**
- Wie viel Prozent der europäischen Bevölkerung sprechen nach EU-Angaben von 2005 Deutsch als Muttersprache? – **18 Prozent**
- In welchem Jahr bricht Goethe zu seiner Italienischen Reise auf? – **1786**
- Wann schrieb Erich Kästner „Emil und die Detektive"? – **1954**
- Wann wurde Johann Wolfgang von Goethe geboren? – **28. August 1749**
- In wie vielen Staaten ist Deutsch eine offizielle Amtssprache? – **7** **(Stichfrage: In welchen Ländern? – Deutschland, Österreich, Schweiz, Liechtenstein, Luxemburg, Italien und Belgien)**
- Wie viele Minderheitensprachen sind in Deutschland als schützenswert anerkannt? – **5** **(Stichfrage: Wer kann mehr davon nennen? – Dänisch, Sorbisch, Nordfriesisch, Saterfriesisch, Romanes bzw. Romani)**
- Wann schloss Martin Luther seine Übersetzung der Bibel ins Deutsche ab? – **1545**

Quizfragen

Da das Spiel ja immer mit den leichtesten Fragen beginnt und mit den schwierigsten aufhört, braucht man weitaus mehr leichte Fragen.
Die richtige Lösung ist jeweils markiert.

Gewinnstufe 1

1 Wer ist erstaunt über die Ohrengröße seiner Oma?
A) Das Rotkehlchen
B) Das Rotzlöffelchen
C) Das Rotbäckchen
D) Das Rotkäppchen

1 „Ach, das war ein schlimmes Ding,/ wie es … ging." (Wilhelm Busch)
A) Tom und Jerry
B) Harry und Hermine
C) Adam und Eva
D) Max und Moritz

1 Unangenehm Überraschte fallen aus allen …
A) … Wagen.
B) … Wellen.
C) … Wegen.
D) … Wolken.

1 Was will Rumpelstilzchen holen?
A) Der Königin ihren Hund
B) Der Königin ihr Kind
C) Der Königin ihren Wind
D) Der Königin ihr Rind.

1 Wer die Wahl hat, hat …
A) … die Qualle.
B) … die Qual.
C) … den Quarz.
D) … das Quadrat.

1 Lügen haben kurze …
A) … Haare.
B) … Zungen.
C) … Arme.
D) … Beine.

1 Dass der eine Eins in Mathe hat, halte ich für ein…
A) … Gedicht.
B) … Gericht.
C) … Gesicht.
D) … Gerücht.

2 Wie heißt das Fremdwort für „vervielfältigen"?
A) kodieren
B) kopieren
C) korrigieren
D) konzipieren

2 Was macht man mit zu viel Zeit?
A) Man erdrosselt sie.
B) Man schlägt sie tot.
C) Man vergiftet sie.
D) Man erdolcht sie.

Gewinnstufe 2

2 Wer ist nach Auskunft eines Spiegels 1000-Mal schöner als die Königin?
A) Schneewittchen
B) Schneeflöckchen
C) Schneeglöckchen
D) Schneeweißchen

2 Wenn noch nichts entschieden ist, so ist noch nicht aller Tage …
A) … Morgen.
B) … Vormittag.
C) … Abend.
D) … Nachmittag.

2 Wer was zu kritisieren hat, findet …
A) … einen Frosch im Teich.
B) … einen Nagel im Brett.
C) … ein Haar in der Suppe.
D) … eine Spinne im Netz.

2 Wenn man sich für jemanden besonders einsetzt, …
A) … bricht man eine Lanze für ihn.
B) … bricht man für ihn ein.
C) … stimmt man eine Laute für ihn.
D) … steigt man mit ihm auf die Leiter.

2 Was hält man jemandem vors Gesicht, wenn man ihm seine Schwächen zeigt?
A) einen Spiegel
B) ein Bravoheft
C) eine Bildzeitung
D) einen Kicker

Gewinnstufe 3

3 Welches jüdische Mädchen schrieb in ihrem Amsterdamer Versteck ein weltbekanntes Tagebuch?
A) Franziska van Almsick
B) Franka Potente
C) Anne Frank
D) Franke Ann

3 Wie hieß Carlo Collodis hölzerner Romanheld?
A) Popeye
B) Pippi
C) Pinocchio
D) Papageno

3 Wie man sich bettet, so …
A) … wacht man.
B) … liegt man.
C) … steht man.
D) … träumt man.

3 Wobei handelt es sich nicht um eine Figur aus Tausendundeinenacht?
A) Aladin
B) Sindbad
C) Odysseus
D) Ali Baba

3 Wobei handelt es sich um keinen echten Vogel?
A) Buchfink
B) Eichelhäher
C) Pechvogel
D) Blaumeise

3 Hunger ist der beste …
A) Herd.
B) Topf.
C) Markt.
D) Koch.

3 Sprichwörtliche schlafende Hunde soll man nicht…
A) … Gassi führen.
B) … wecken.
C) … anbellen.
D) … beißen.

Gewinnstufe 4

4 Wer schrieb „Romeo und Julia"?
A) Giovanni Boccaccio
B) Michael Ende
C) William Shakespeare
D) Johann W. von Goethe

4 Was ist keine Eigenschaft eines Nebensatzes?
A) Er sollte nicht allein stehen.
B) Er hat ein finites Verb am Ende.
C) Er ist durch ein Komma vom Nebensatz getrennt.
D) Er ist kürzer als der Hauptsatz.

4 Wie viele Nächte erzählte Scheherezade dem Sultan Märchen?
A) Null, sie erzählte ja am Nachmittag.
B) 999
C) 1000
D) 1001

4 Welches Pronomen ist „ich"?
A) ein Personalpronomen
B) ein Possessivpronomen
C) ein Relativpronomen
D) ein Demonstrativpronomen

4 Welches Wort enthält ein gesprochenes W?
A) Advent
B) Motiv
C) Verein
D) Nerv

4 Was erfand Johannes Gutenberg im 15. Jahrhundert?
A) den Kugelschreiber
B) den Buchdruck
C) den Duden
D) den Radiergummi

4 Wenn man etwas ganz Überflüssiges tut, so trägt man …
A) … Amseln nach Amsterdam.
B) … Eulen nach Athen.
C) … Frösche nach Florida.
D) … Störche nach Stuttgart.

Gewinnstufe 5

5 „In die Tüte von Papiere/ Sperren sie die …" (Wilhelm Busch)
A) kranke Niere
B) Krabbeltiere
C) Vogeltiere
D) Käfertiere

5 Wie heißt der Wolf im Märchen?
A) Reineke
B) Isegrimm
C) Leo
D) Adebar

5 Wer ist häufig der sprichwörtliche Vater des Gedankens?
A) der Wunsch
B) das Gehirn
C) der Verstand
D) der Beweis

5 „Die Mitternacht zog näher schon/ in stummer Ruh' lag …" (Heine)
A) … der Dom
B) … der Hohn
C) … Rom
D) … Babylon

5 Wobei handelt es sich um ein Possessivpronomen?
A) dein
B) dich
C) dir
D) du

5 Antoine de Saint-Exupéry legte seine Weisheiten in den Mund des …
A) … kleinen Prinzen.
B) … kleinen Propheten.
C) … kleinen Königs.
D) … des kleinen Bettlers.

5 Wer Verdienste anderer als eigene ausgibt, schmückt sich mit fremden …
A) … Perlen.
B) … Kleidern.
C) … Federn.
D) … Ketten.

Gewinnstufe 6

6 Wie hieß die sagenumwobene Königin von Island?
A) Kunigunde
B) Brunhild
C) Kriemhild
D) Gertrud

6 Wie nennt man einen Briefwechsel fachmännisch?
A) Kommunikation
B) Korrespondenz
C) Kohärenz
D) Konversation

6 Dramatische Erzählgedichte sind …
A) Epigramme.
B) Balladen.
C) Sonette.
D) Anagramme.

6 Was ist die sprichwörtliche Mutter der Porzellankiste/-vase?
A) Respekt
B) Stolz
C) Mut
D) Vorsicht

6 „Die Botschaft hör ich wohl,/ Allein mir fehlt …" (Faust)
A) das Geld.
B) der Glaube.
C) das Auto.
D) das Handy.

Gewinnstufe 7

7 Was ruht in einem Gedicht „festgemauert in den Erden"?
A) Ein Maulwurf
B) Eine Glocke
C) Eine Schatztruhe
D) Ein Sarg

7 Welcher Feuerräuber wird in einem Sturm-und-Drang-Gedicht besungen?
A) Polykrates
B) Poseidon
C) Prometheus
D) Philemon

7 In welchem Wort steht das d zu Unrecht?
A) abendlich
B) morgendlich
C) wöchendlich
D) jugendlich

7 Welche der folgenden Dichtungen ist anonym überliefert?
A) Die Ilias
B) Die Odyssee
C) Don Quichote
D) Das Nibelungenlied

7 Wer nah an jemandem dran ist, ist mit diesem auf…
A) Textiltouch.
B) Tuchfühlung.
C) Leinenkontakt.
D) Hautfühlung.

Gewinnstufe 8

8 Wo spielt das Schauspiel „Wilhelm Tell"?
A) in Sachsen
B) in den Niederlanden
C) in Flandern
D) in der Schweiz

8 Wer tötete versehentlich seinen Vater und heiratete seine Mutter?
A) Prometheus
B) Ödipus
C) Okeanos
D) Odysseus

8 Wie schreibt man das Fremdwort mit der Bedeutung „gesondert" richtig?
A) separat
B) seperat
C) saparat
D) saperat

8 Wie heißt Momos Schildkröte?
A) Klytaimnestra
B) Kassiopeia
C) Kudrun
D) Kleopatra

8 Wer „reitet so spät durch Nacht und Wind"?
A) der Erlkönig
B) der Onkel
C) der Vater
D) die Mutter

Gewinnstufe 9

9 Was gedenkt Rumpelstilzchen zu tun, bevor es der Königin ihr Kind holt?
A) backen und brauen
B) brauen und braten
C) backen und braten
D) backen und kochen

9 Wie hieß die sagenumwobene Erzählerin aus 1001 Nacht?
A) Scheherezade
B) Penthesilea
C) Penelope
D) Susanna

9 Benjamin Leberts erster Romanheld fühlt sich ziemlich…
A) groovy
B) cool
C) crazy
D) groggy

9 Wie heißt Krabats Freundin (Otfried Preußler)?
A) Kantorka
B) Tonda
C) Loboscha
D) Krabata

9 Wie nannte Schiller sein Stück „Luise Millerin" später?
A) „Die Räuber"
B) „Kabale und Liebe"
C) „Wilhelm Tell"
D) „Iphigenie auf Tauris"

Gewinnstufe 10

10 Wie heißt Anne Franks Schwester?
A) Sylvia
B) Nicole
C) Margot
D) Claudine

10 Wer tötete den Minotaurus?
A) Thessi
B) Theben
C) Theseus
D) Thales

10 In welcher Stadt arbeitet Commissario Brunetti?
A) in Tokio
B) in Gotham City
C) in Venedig
D) in Rom

10 Wer sei – so man ihm gewährt die Bitte – in ihrem Bunde der Dritte?
A) Dionys
B) Diogenes
C) Donisl
D) Dagobert

10 „Da steh ich nun, ich armer Tor, …
A) … was ist es nur, was ich verlor."
B) … und niemand schoss den Ball ins Tor."
C) … und bin so klug als wie zuvor."
D) … und sänge gern mit euch im Chor."

Gewinnstufe 11

11 Welches Tier entführte Europa aus Phönizien?
A) Stier
B) Schlange
C) Adler
D) Löwe

11 In Marie Luise Kaschnitz' Erzählung „Popp und Mingel" dienen ein alter Fußball und eine verschrumpelte Puppe als …?
A) Hund und Katze
B) Brot und Wein
C) Vater und Mutter
D) Hund und Herrchen

11 Welches Tier hat in Goethes Gedicht „Selige Sehnsucht" Sehnsucht nach dem Flammentod?
A) ein Löwe
B) ein Schmetterling
C) ein Elefant
D) ein Wolf

Gewinnstufe 12

12 Wie heißt das verführte Bürgermädchen in Goethes „Faust"?
A) Gretchen
B) Lieschen
C) Bärbelchen
D) Lottchen

12 In welchem Gedicht Goethes schlägt dem lyrischen Ich „das Herz geschwind zu Pferde"?
A) Willkommen und Fortgang
B) Willkommen und Aufbruch
C) Willkommen und Heimkehr
D) Willkommen und Abschied

12 Wie heißt Goethes „Faust"?
A) Friedrich
B) Dietrich
C) Heinrich
D) Theoderich

Gewinnstufe 13

13 Wer bekommt den folgenden Satz zu hören: „Ich bitt euch, Freund, es ist tief in der Nacht,/Wir müssen's diesmal unterbrechen."
A) Wagner
B) Mephisto
C) Nostradamus
D) Der Herr

13 Wie hieß die erste deutschsprachige Literatur-Nobelpreisträgerin im 21. Jahrhundert?
A) Herta Müller
B) Doris Lessing
C) Stephenie Meyer
D) Elfriede Jelinek

13 Welchen Mond beschreibt Mathias Claudius in seinem „Abendlied", das mit den Worten „Der Mond ist aufgegangen" beginnt?
A) den Vollmond
B) den Halbmond
C) eine Mondsichel
D) den Neumond

Gewinnstufe 14

14 Wer ist die Hauptfigur in Franz Kafkas Romanfragment „Das Schloss"?
A) Der Stadtstreicher R
B) Der Angeklagte Z
C) Der Landvermesser K
D) Der Buchhalter A

14 Welcher Satz hat die richtige grammatikalische „Frisur"?
A) Du flichtst.
B) Du flichst
C) Du flechst.
D) Du flechtst.

14 Wo befindet sich Till Eulenspiegels Gedenkstein?
A) Fantasiefiguren haben doch keinen Gedenkstein.
B) in Marburg
C) in Meppen
D) in Mölln

Gewinnstufe 15

15 Welchen Roman veröffentlichte Hermann Hesse unter dem Pseudonym Emil Sinclair?
A) Steppenwolf
B) Hermann Lauscher
C) Demian
D) Unterm Rad

15 Wie nannte Kurt Schwitters seine dadaistische Dichtung?
A) Merz-Dichtung
B) Ju-Lirik
C) A-Pril-Poesie
D) Novem-Kunst

15 Welche Dichtung beschäftigt sich mit den Motiven Liebe, Geselligkeit, Wein?
A) Die Pub Poetry
B) Die Anakreontik
C) Die Bukolik
D) Die Dolce-far-niente-Dichtung

Anmerkung

Ein Verfasser dieses Buches spielt seit Jahren mit dem folgenden Preisraster. Ja, es gibt viel zu gewinnen, und niemand muss das nachahmen. Aber so wie das Fernsehformat davon lebt, dass der Hauptpreis hoch ist, so lebt auch das Quiz im Klassenzimmer davon, dass es vergleichsweise viel zu gewinnen gibt. Wenn die Fragen für die 15er Stufe sehr schwer sind, ist es sehr unwahrscheinlich, dass der Lehrer wirklich einen großen Preis vergeben muss, die Motivation für die Schüler ist aber schier grenzenlos.

15: Buchgutschein 50 €

14: Buchgutschein 20 €

13: Buchgutschein 10 €

12: Buchgutschein 5 €

11: gebrauchtes Buch aus meiner Kiste

10: Ich zahle deine Pause (feste Gewinnstufe)

9: „Ich werde heute nicht abgefragt"-Joker

8: „Ich muss heute keine Hausaufgabe haben"-Joker

7: ein schönes Lesezeichen

6: zwei Tafeln Schokolade

5: eine Tafel Schokolade (feste Gewinnstufe)

4: ein Schokoriegel

3: vier Bonbons

2: zwei Bonbons

1: ein Bonbon

Deutsch-Tabu 1/5

1. Die Klasse wird in der Mitte in zwei Gruppen aufgeteilt, linke Gruppe und rechte Gruppe.
2. Ein Schüler der linken Gruppe kommt nach vorne und erhält vom Lehrer eine Spielkarte. Seine Aufgabe ist es, die groß gedruckte Überschrift auf der Karte möglichst schnell den anderen aus seiner Gruppe zu erklären, ohne dabei einen der anderen Begriffe zu benutzen. Zwei Schüler aus der rechten Gruppe flankieren diesen Schüler und kontrollieren, dass er keinen der Begriffe (verbotene Wörter) nennt.
3. Sobald der Schüler den ersten Begriff erklärt, startet der Lehrer oder ein anderer neutraler Zeitnehmer die Stoppuhr. Wenn die Schüler den Begriff erraten, werden die Sekunden an der Tafel notiert, die er gebraucht hat. Sollte der erklärende Schüler einen der verbotenen Begriffe nennen, heben die flankierenden Schüler die Hand. Die Zeit wird dann angehalten, und der Schüler erhält vom Lehrer einen neuen Begriff. Sobald er diesen erhalten hat, läuft die Zeit weiter.

--> **Tipp:** Der Lehrer sollte die Schüler vorher darauf hinweisen, dass er den gesuchten Begriff leichter heraushören kann, wenn die Schüler nicht zu wild und ungehalten die Antworten nach vorne rufen.

4. Wenn ein Begriff erfolgreich erraten ist, kommt ein Schüler der rechten Gruppe dran, und zwei Schüler der linken Seite flankieren und kontrollieren den Erklärenden. Anschließend ist wieder die linke Gruppe dran usw.

--> **Tipp:** Es sollte darauf geachtet werden, dass immer ein neuer Schüler erklärt. Am besten ist, die Schüler erklären der Reihe nach.

5. Am Ende der Stunde werden die Zeiten zusammengerechnet. Die Klassenhälfte, die am wenigsten Zeit gebraucht hat, hat gewonnen.

--> **Tipps:**

- Um das Spiel etwas leiser zu gestalten, kann man die Klasse weiter aufteilen: Wenn man Klassenviertel einteilt, raten weniger zugleich mit, und es wird weniger hereingerufen.
- Wenn ein Schüler einen Begriff nicht kennt, kann er selbst einen anderen Spieler hinzurufen, der ihm beim Erklären hilft. Das kostet allerdings Zeit …
- Beim bekannten Gesellschaftsspiel „Tabu" erhält man einen kleinen Kartenstoß und erklärt die Begriffe in einer vorgegebenen Zeit. Diese Variante kann natürlich auch gespielt werden, sie hat aber den Nachteil, dass weitaus weniger Schüler erklärend zum Zug kommen.
- In einer Vertretungsstunde können auch Blankokarteikarten ausgegeben werden, auf denen die Schüler selbst weitere „Deutsch-Begriffe" und die dazugehörigen verbotenen Wörter notieren. Auf diese Weise wächst das Kartenreservoir des Lehrers an. In diesem Fall ist es natürlich sinnvoll, den Schülern, die „Tabu" nicht kennen, Musterkarten zu zeigen.

Kopieren Sie diese Karten, schneiden Sie sie auseinander, und geben Sie sie den entsprechenden Gruppen.

Goethe • Johann • Dichter • Erlkönig • Schiller • Roman	**Buch** • dick • Geschichte • Schriftsteller • lesen • Seiten
Grammatik • schwierig • Satzglieder • Fehler • lernen • Schule	**Buchdruck** • Erfindung • Gutenberg • verbreiten • abschreiben • Geschichte
Verb • gehen • Tätigkeit • Wort • Grammatik • konjugieren	**Sprache** • Deutsch • Englisch • Mutter • lernen • sagen
Duden • Buch • gelb • Rechtschreibung • richtig • nachschlagen	**Buchstabe** • Wort • Satz • Laute • schreiben • lesen
Autor • Verfasser • Buch • geschrieben • ausgedacht • Beruf	**Zeitung** • Morgen • Artikel • Bericht • passiert • Nachricht
Bericht • Aufsatz • passiert • Zeitung • schreiben • sachlich	**Reim** • Gedicht • am Ende • gleich • klingt • Ballade

Deutsch-Tabu 3/5

Kopieren Sie diese Karten, schneiden Sie sie auseinander, und geben Sie sie den entsprechenden Gruppen.

Zauberlehrling • Gedicht • erzählt • Erlkönig • Personen • Theater	Vorhang • Stück • Schauspieler • Drama • Dialog • Theater
Epoche • Barock • Einteilung • Romantik • Klassik • Naturalismus	Fabel • Tiere • Lehre • Äsop • kurz • Geschichte
Schiller • Friedrich • Goethe • Dichter • Weimar • Bürgschaft	Fremdwort • Englisch • Latein • Land • deutsch • andere
Märchen • einmal • Hänsel • Rotkäppchen • Grimm • Happyend	Shakespeare • Romeo • englisch • Dichter • Theater • William
Hesse • Hermann • Autor • Steppenwolf • Romane • bekannt	Tagebuch • schreiben • persönlich • Anne • geheim • erlebt
Rotkäppchen • Märchen • Wolf • Großmutter • Mädchen • Kuchen	Monolog • Dialog • sprechen • Theater • einer • Schauspieler

Kopieren Sie diese Karten, schneiden Sie sie auseinander, und geben Sie sie den entsprechenden Gruppen.

Adjektiv • Eigenschaft • Wort • Grammatik • wie • rot	**Journalist** • Zeitung • schreiben • Beruf • Reporter • Texte
Referat • Vortrag • Klasse • halten • Powerpoint • Rede	**Diskussion** • verschieden • Meinung • Thema • streiten • Gespräch
Erlkönig • Goethe • Vater • reiten • Ballade • sterben	**Comic** • witzig • Bilder • Simpsons • gezeichnet • Sprechblasen
Bibliothek • Bücher • ausleihen • Raum • informieren • Referat	**Wikipedia** • Internet • Lexikon • nachschauen • aktuell • informieren
Krimi • Täter • Detektiv • spannend • Buch • Mord	**Hörspiel** • Radio • Sprecher • Geschichte • Dialoge • Film
Lesebuch • Texte • Schule • Literatur • Geschichten • Deutsch	**Schlagzeile** • Zeitung • fett • wichtig • Neugier • Bericht

Deutsch-Tabu 5/5

Kopieren Sie diese Karten, schneiden Sie sie auseinander, und geben Sie sie den entsprechenden Gruppen.

Zitat • gesprochen • Anführungszeichen • wörtlich • Text • wichtig	**Schreibmaschine** • früher • Texte • Gerät • tippen • Tasten
Komödie • lustig • Stück • Theater • lachen • Publikum	**Komma** • Punkt • Satzzeichen • trennen • Strich • zwischen
Silbe • trennen • Wort • klatschen • Zeile • Ende	**Alphabet** • ABC • Reihenfolge • Buchstaben • 26 • Klassenliste
______ • • • • •	______ • • • • •
______ • • • • •	______ • • • • •
______ • • • • •	______ • • • • •

Lösungen

S. 8: Lyrik mit Lücken
Conrad Ferdinand Meyer: und jede nimmt und gibt
Joachim Ringelnatz: niemals einen Dampfer.
Ulla Hahn: sein Ebenbild war.
Eduard Mörike: Septembermorgen
Friedrich Hölderlin: Die Mauern stehn
Ernst Jandl: vater komm erzähl wiest gfallen bist
Jakob von Hoddis: Die Eisenbahnen fallen von den Brücken.
Johann Wolfgang von Goethe: balde/ Ruhest du auch.
Harald Grill: die bäume/alle fort sind
Joseph von Eichendorff: Die Luft ging durch die Felder

S. 11: Zahlen in Deutsch – Diagramme verstehen

a) Ja	f) ?
b) Nein	g) ?
c) ?	h) Nein
d) Ja	i) ?
e) Ja	

S. 14: Kennst du literarische Fachbegriffe?

Senkrecht:	Waagerecht:
1. Strophe	4. Romantik
2. Parodie	5. Tragödie
3. Nobelpreis	6. Drama
4. Rezension	8. Szene
7. Monolog	10. Dialog
8. Sage	11. Epik
9. Ballade	13. Krimi
12. Gedichte	15. Minnesang
14. Roman	18. Fabel
16. Klassik	20. Märchen
17. Parabel	21 Comics
19. Satire	22 Reim
	23 Barock
	24 Legende

Lösungswort: BIBLIOTHEK

S. 19: Der Zauber erster Sätze
Kafka: … eines Morgens aus unruhigen Träumen erwachte, fand er sich in seinem Bett zu einem ungeheueren Ungeziefer … .
Ende: In alten, alten Zeiten, als die Menschen noch in ganz anderen Sprachen redeten, gab es in den warmen Ländern schon große und prächtige Städte.
Goethe: Wie froh bin ich, daß ich weg bin!
Storm: … ging ein alter wohlgekleideter Mann langsam die Straße hinab.
Keller: An einem unfreundlichen Novembertage wanderte ein armes Schneiderlein
Böll: hätte ich mir am liebsten die Decke übers Gesicht geschoben
Schneider: er beschlossen hatte, nicht mehr zu schlafen

S. 28: „Was geht denn da ab?" – Jugendsprache
Rentnerbravo – Glockendisko – Tellertaxi
Achselfahrrad – Partyschranke – Leuchtturm
Streberburg – Staubsauger – Tussitreff
Bienenkotze – Blitzableiter – Duftgemüse
Vertreterschal – Feuerteufel – Nasenleerer
Speicheltanz – Checkerbraut – Zweitwohnung
Mafiatorte – Tastenhengst – Heftknutscher
Kreidekratzer – Billardkugel
Teletubbiezurückwinker ist eine Bezeichnung für einen sehr kindlichen Menschen.

S. 29: Ist Werbung unverständlich?
(hinter der richtigen Lösung befindet sich jeweils eine Variante aus der Umfrage.)
1 Jederzeit eine gute Zeit.
Alle Zeit ist Gottes Zeit
2 Es gibt keine bessere Art, zu fliegen.
Nur Fliegen ist schöner!
3 Komm herein und finde das Richtige.
Komm herein und finde wieder hinaus.
4 Angetrieben durch Gefühle.
Kraft durch Freude.
5 Auch wir sind (Auto-)Fahrer.
Wir fahren auch zu…
6 Reg deine Sinne an.
Stimuliere deine Sense.
7 Teile Eindrücke, teile das Leben.
Scher dich um den Moment, scher dich um dein Leben.
8 Gefahren vom Instinkt.
Triefen vor Gestank/Abdriften der Gefühle.
9 Wo Geld lebt/zu Hause ist.
Wo Manni lebt.
10 Fahre mit Leben.
Fahre, um zu überleben.

S. 31: Ausgewanderte deutsche Wörter
1e (Strudel), 2f (lustig), 3b (nix bzw. nichts), 4a (Was ist das?), 5c (Wie heißt er?), 6d (Wachtmeister)

S. 33: „Versprecher von der Polizei gefasst" – Was passiert bei Versprechern?
1.

Grad	I
sammeln	I
Kreuzung	F (evtl. I)
Kader	F
lesenwert	F
Ast	I
Arbeitslose	F
auf	I

2.

b) Beispiele aus den Fingern saugen
Beispiele an den Haaren herbeiziehen
c) Dass dich deine Mutter dann bejammert.
Dass dich deine Mutter dann bedauert.
d) Ich kann nicht aus meiner Haut heraus.
Ich kann nicht über meinen Schatten springen.
e) Wie schaut's aus? Wie sieht's aus?

3.

a) „Bei einer Explosion auf einer Öhrbolinsel …" Ölbohrinsel
b) „Morgen geht es mit einem Wix aus vielen Wolken weiter." Mix
c) „Noch keine scheiße Spur vom Bankräuber." heiße
d) „Ich fordere Sie auf, auf das Wohl unseres Chefs aufzustoßen." anzustoßen

S. 36: Nicht gelogen, aber reingefallen – Euphemismen

Informationen zur anschließenden Besprechung:

- Ein aufstrebender Ferienort: hat zwar häufig noch keine Infrastruktur, dafür aber jede Menge Baustellen.
- Fünf Minuten zum Strand: sagt gar nichts über das Fortbewegungsmittel aus: ob zu Fuß, mit dem Rad oder mit dem Auto.
- Verkehrsgünstig und zentral gelegen: sind oft Unterkünfte mit viel Lärm auf angrenzenden Straßen.
- Ein Zimmer auf der Meerseite: ist nicht zwingend ein Zimmer mit Meerblick. Womöglich liegen Hochhäuser zwischen Hotel und Ozean.
- Helle und freundliche Zimmer: sind meist einfach ausgestattet. Wer Komfort sucht, sollte auf Umschreibungen achten wie geschmackvolle Einrichtung oder luxuriöse Zimmer.
- Internationale Atmosphäre: herrscht meist in Hotels, in denen Gruppen aus der ganzen Welt nächtelang feiern und die Verständigung mit dem Personal schwierig ist.

S. 39: Das große Sprachduell

Rätsel 1: Ampel, Lampe, Palme
Rätsel 2: L, RZ
Rätsel 3: a) Satz Ast (Ast ist ein Teil des Baumes, das Komma ist ein Teil des Satzes); b) Aroma (Aroma ist ein Synonym zu Duft, Prunk ist ein Synonym zu Pracht)
Rätsel 4: beispielsweise: Bahn, Besen, Bogen, Blumen, emsig, erdig, eilig, eifrig, leidet, läuft, liebt, läutet
Rätsel 5: Komödie, Monolog, Thema, Stil, Ballade, Alliteration, Reim
Rätsel 6: a und c; f und g
Rätsel 7: Leistung, Firma/Form, Beruf/Brief, Grenze, Job; eventuell sind weitere Lösungen möglich
Rätsel 8: 1. Blechtrommel, 2. Benn
Rätsel 9: 1i, 2j, 3e, 4f, 5c, 6g, 7d, 8h, 9b, 10a
Rätsel 10: 2. KIND – RIND, 3. RANG, RANK (ADJEKTIV), 4. KIND, KINN
Rätsel 11: a) Journalistin b) Programmierer c) Direktor
Rätsel 12: a) Neffe, b) Mutter, c) Enkel, d) Onkel
Rätsel 13: a) GESCHENK, b) GLAS, c) SPRUNG, d) BETT
Rätsel 14: 1d, 2e, 3a, 4c, 5b, 6f

S. 51: Teekesselchen, Homonyme und Homophone

1.

a) Auflauf (vorgegebenes Beispiel), b) Pass, c) Korb, d) Verband, e) Linse, f) Reif, g) Orden, h) Satz, i) Ente, j) Essen

3.

Beim Homonym „modern" ändert sich die Betonung je nach Bedeutung. Betonung auf der ersten Silbe: verderben, faulen; Betonung auf der zweiten Silbe: zeitgemäß

S. 67: Geht's auch freundlicher?

Natürlich gibt es viele andere Möglichkeiten. Mögliche Lösungen:

b) Ich bin mir sicher, dass du das besser könntest.
c) Es tut mir leid, dass der Boden nicht aufgeräumt ist.
d) Wenn du dich daran erinnerst, wieso dich die anderen zum Klassensprecher gewählt haben, wirst du dich hier sicher anders verhalten.
e) Das Essen ist super, aber mit etwas weniger Salz würde es mir noch besser schmecken.
f) Interessant. Warum machst du das eigentlich?
g) Vermutlich hast du dich geärgert.
Lass uns trotzdem in Ruhe darüber reden.
h) Mit einem anderen Outfit wirst du einen noch besseren Eindruck machen.
i) Vielleicht war dir die Sicht jetzt etwas verstellt. Schau noch mal genau hin.
j) Sicherlich hat dich etwas anderes abgelenkt.
k) Ich hoffe, ich habe dich nicht gelangweilt.
Was hältst du davon?

Seite	Kompetenzen
Lyrik mit Lücken	wesentliche Elemente eines Textes erfassen; produktive Methoden anwenden
Zahlen in Deutsch – Diagramme verstehen	Nichtlineare Texte auswerten: z.B. Schaubilder; Informationen zielgerichtet entnehmen, prüfen und ergänzen
Wer bin ich? – Eine Fahndung nach literarischen Figuren	ein Spektrum altersangemessener Werke – auch Jugendliteratur – bedeutender Autoren kennen und spielerisch wiederholen
Kennst du literarische Fachbegriffe?	wesentliche Fachbegriffe zur Erschließung von Literatur kennen und anwenden
Improtheater im Klassenzimmer	vor und zu anderen sprechen; Körpersprache; unterschiedliche Sprechsituationen gestalten; Situationen szenisch darstellen
Miniszenen erfinden und spielen	Erlebnisse, Haltungen, Situationen szenisch darstellen; verschiedene Gesprächssituationen praktizieren, z.B. Dialoge
Der Zauber erster Sätze	Literarische Texte: produktive Methoden anwenden; sprachliche Mittel zur Sicherung der Textkohärenz anwenden; sprachlich variabel und stilistisch stimmig zur Aussage schreiben
Stilübungen zu einer Begebenheit	produktive Schreibformen nutzen: z.B. umschreiben, ausgestalten; zentrale Schreibformen beherrschen, sprachlich variabel schreiben; Texte gestaltend vortragen; grundlegende Textfunktionen erfassen
Freies Schreiben zu Musik	produktive Schreibformen nutzen
Was geht denn da ab? – Jugendsprache	„Sprachen in der Sprache“ kennen, z.B. Gruppensprachen; Sprechweisen unterscheiden und beachten
Ist Werbung unverständlich	ausgewählte Erscheinungen des Sprachwandels kennen und bewerten: z.B. fremdsprachliche Einfüsse; medienspezifische Formen kennen: z.B. Werbekommunikation
Lebendiges Deutsch – Gute Ideen sind gefragt.	ausgewählte Erscheinungen des Sprachwandels kennen und bewerten: z.B. fremdsprachliche Einflüsse; stilistisch stimmig zur Aussage schreiben
Ausgewanderte Wörter	Mehrsprachigkeit zur Entwicklung der Sprachbewusstheit und zum Sprachvergleich nutzen; ausgewählte Erscheinungen des Sprachwandels kennen und bewerten: z.B. fremdsprachliche Einflüsse
Ein Duden für die Zukunft!	kreativ mit Sprache umgehen
„Versprecher von der Polizei gefasst“ – Was passiert bei Versprechern?	Einblicke ins Sprachhandeln gewinnen
Nicht gelogen, aber reingefallen? – Euphemismen	medienspezifische Formen kennen: z.B. Werbekommunikation; sprachliche Gestaltungsmittel in ihren Wirkungszusammenhängen erkennen

Geförderte Kompetenzen 2/2

Seite	Kompetenzen
Fußballdeutsch	Texte überarbeiten
Das große Sprachduell	sprachliche Kenntnisse und Fertigkeiten spielerisch wiederholen und üben
Die gefährlichsten Wörter	Grundregeln der Rechtschreibung beherrschen und häufig vorkommende Wörter richtig schreiben
Knapp daneben ist auch vorbei – Fremdwörter richtig verwenden	Fremdwörter richtig schreiben; auf eine differenzierte Wortwahl, insbesondere im Hinblick auf Fremdwörter […] achten
„Hund, Katze, Maus!" – Sprichwörter und Redewendungen zeichnen	Kenntnis und Wiederholung idiomatischer Wendungen
Zeichnen nach Worten	sich artikuliert, verständlich, sach- und situationsangemessen äußern; über einen umfangreichen und differenzierten Wortschatz verfügen; wesentliche Aussagen aus gesprochenen Texten verstehen
Teekesselchen, Homonyme und Homophone	beim Sprachhandeln einen differnzierten Wortschatz gebrauchen; Grundregeln der Rechtschreibung beherrschen
Ein Vorlese-Wettbewerb	über grundlegende Lesefertigkeiten verfügen
Vorsicht: Vorlesefallen	über grundlegende Lesefertigkeiten verfügen; Texte sinngebend vortragen
Welche Stimmung ist das?	Wirkungen der Redeweise kennen, beachten und situations- sowie adressatengerecht anwenden: Lautstärke, Betonung, Sprechtempo, Klangfarbe, Stimmführung; Sprechweisen unterscheiden und beachten
Liegestühle im Klassenzimmer? – Spaßdebatten führen	verschiedene Gesprächsformen praktizieren, z.B. Diskussionen, Debatten; Redestrategien einsetzen; Gesprächsbeiträge anderer verfolgen und aufnehmen
Geschichten erfinden, nacherzählen und weitererzählen	Gesprächsbeiträge anderer verfolgen und aufnehmen; wesentliche Aussagen aus umfangreichen gesprochenen Texten verstehen und wiedergeben
Der Katzenpilot	Argumente zu einer Argumentationskette verknüpfen; Gegenargumente formulieren, überdenken und einbeziehen; Argumente gewichten und Stellung beziehen; längere freie Redebeiträge leisten
Geht's auch freundlicher?	Gesprächsregeln einhalten; unterschiedliche Sprechsituationen gestalten; Redestrategien einsetzen
Deutschgrips Der große Deutschpreis Wer wird Dillionär? Deutsch-Tabu	Kenntnisse zu Sprache und Literatur spielerisch wiederholen und erwerben

Medientipps

Literatur

Tim-Christian Bartsch u.a.:
Trainingsbuch Rhetorik.
Ferdinand Schöningh, 2009.
ISBN 978-3-8252-2689-3

Werner Braukmann:
Freies Schreiben. Praxishandbuch für die Sekundarstufe I und II.
Cornelsen Verlag Scriptor, 2003.
ISBN 978-3-589-21876-9

Frank Hielscher u.a.:
Debattieren unterrichten.
Kallmeyer/Klett, 2010.
ISBN 978-3-7800-1070-4

Sascha Lobo:
Wortschatz. 698 neue Worte für alle Lebenslagen.
Rowohlt, 2011.
ISBN 978-3-499-62823-8

Raymond Queneau:
Stilübungen.
Suhrkamp, 1990.
ISBN 978-3-518-22419-9

Sven Siedenberg:
Besservisser beim Kaffeeklatsching.
Deutsche Wörter im Ausland. Ein Lexikon.
Wilhelm Heyne Verlag, 2009.
ISBN 978-3-641-03309-5 (Nur noch als E-Book lieferbar.)

Winfried Ulrich:
Sprachspiele für jüngere Leser und Verfasser von Texten.
Texte und Kommentare. Ein Vorlesebuch, Lesebuch und Sprachbastelbuch für Schule und Elternhaus.
Hahner Verlagsgesellschaft, 2004.
ISBN 978-3-89294-302-0

Radim Vlcek:
Workshop Improvisationstheater. Übungs- und Spielesammlung für Theaterarbeit, Ausdrucksfindung und Gruppendynamik.
Auer, 2000.
ISBN 978-3-403-03423-2

Wörterbuch der Jugendsprache 2012.
Pons, 2011.
ISBN 978-3-12-010038-6

Medientipps

Links

Versprecher:
http://www.radiopannen.de/versprecher.html

Zungenbrecher:
http://www.uebersetzung.at/twister/de.htm

Lebendiges Deutsch:
http://www.aktionlebendigesdeutsch.de/

Ausgewanderte Wörter:
http://www.goethe.de/lhr/pro/mac/memo-spiel/index.htm

Englischsprachige Werbeslogans:
http://www.uebersetzerportal.de/nachrichten/n-archiv/2003/2003-09/2003-09-08.htm